Simon Eliot

Pourquoi l'herbe est verte, le ciel bleu et les roses rouges ?

Savoir tout sur tout

Michel Lafon

voici le premier univers parfait sur lequel j'ai posé les yeux.

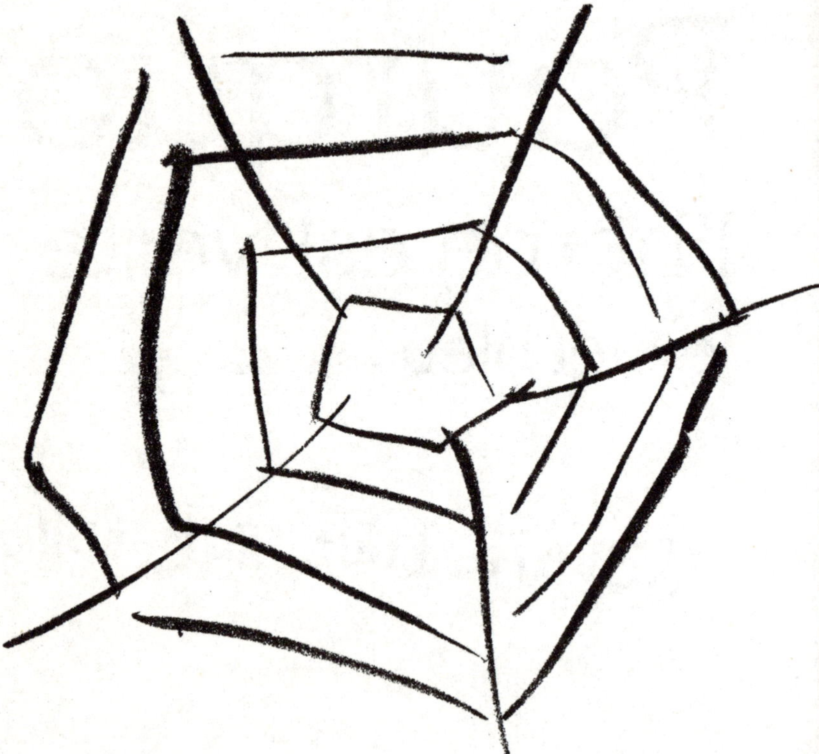

Certaines araignées construisent leur toile tous les matins et la détruisent le soir. Les toiles neuves sont invisibles jusqu'à ce que la poussière les révèle au grand jour. J'aime les araignées, parce qu'elles construisent leur petit monde à elle. C'est exactement ce que j'ai essayé de faire dans ce livre. J'ai créé mon propre univers. Assez comparable à une toile d'araignée. J'ai d'ailleurs rassemblé beaucoup d'informations sur la Toile, cette nouvelle dimension dont on dit qu'elle est assez vaste pour contenir toutes les données connues. Les autres infos du livre sont dues à mon seul génie.

Tuyauterie

« Il faut commencer par stocker les déchets avant de les mettre à la poubelle. » Un vieil adage du monde de l'informatique qui s'adapte tout aussi bien à l'esprit qu'au corps et à l'âme. La preuve, si vous mangez mal, vous vous sentirez mal.

À ce propos, Socrate, un vieux type très connu, disait : « Les autres hommes vivent pour manger, tandis que je mange pour vivre. » Pensez-y.

Dans la Bible, il est écrit : « Comme le chien revient à son vomissement, le sot retourne à sa folie. »

Le principe du vomi (ou quelque autre nom qu'on souhaite donner au dégueulis) est de se débarrasser de ce que l'estomac refuse pour tout un tas de raisons : avoir trop bu, avoir ingurgité du raticide, avoir trop mangé.

Un cochon mangera jusqu'à ce que son estomac éclate et qu'il en meure. D'où l'expression « manger comme un cochon ».

Il semblerait qu'on ait découvert du vomi fossile âgé de cent soixante millions d'années, provenant d'un grand reptile marin.

Argot et langage familier pour vomir : dégueuler, gerber, rendre, dégobiller.

Le vomi est un mélange de morceaux de nourriture non digérée et de liquide clair et gluant appelé liquide gastrique, composé de salive, d'acide chlorhydrique et d'enzymes. Le chyme et la bile donnent au vomi sa couleur jaune verdâtre. On définit aussi l'acte de vomir comme un « bâillement en Technicolor ».

« Premier arrivé, premier servi. » Un vieux proverbe français qui remonte au XIIIe siècle. À l'origine, il signifiait que les premiers fermiers qui arrivaient au moulin avaient le droit de moudre leur grain avant les autres. Aujourd'hui, c'est la philosophie de tous les fast-foods (plus vite, la bouffe !).

Pourquoi les légumes sont-ils bons pour la santé ?

Pour bien fonctionner, l'organisme a besoin des nutriments apportés par tous les groupes d'alimentation différents. Imaginons une voiture. Personne ne se contente de l'alimenter en carburant. C'est plus compliqué que ça. Il faut de l'eau, de l'huile. Si vous faites juste le plein d'essence en négligeant ses autres besoins, la voiture se retrouvera à la casse rapidement. Les légumes, comme les carottes et le céleri, sont riches en vitamines et en nutriments. Les vitamines et les nutriments sont à notre organisme ce que l'huile est à une voiture.

Quant au chocolat ? C'est la nourriture de l'âme. Il procure aussi un apport d'énergie rapide. Si les parents le rationnent, on peut leur répondre que Montezuma II, empereur aztèque (1466-1520), définissait le chocolat chaud comme « le breuvage divin qui donne de la résistance et combat la fatigue. Une tasse de cette précieuse boisson permet à un homme de marcher toute une journée sans manger. »

Si cela ne suffit pas, on peut exposer aux parents les dernières découvertes scientifiques. Le chocolat protège des maladies cardiaques et de l'hypertension. S'ils rechignent encore, on expliquera la composition du chocolat : vitamines A, B1, C, D et E.
S'ils cèdent, mais du bout des lèvres, on prétendra être obligé d'y goûter pour des travaux pratiques à l'école.
D'accord, là on touche vraiment le fond...

Un petit historique, pour reprendre du poil de la bête : le chocolat, sous sa forme originelle, a été inventé par les Aztèques. On le fabrique à partir de fèves de cacao que l'on trouve dans des gousses qui poussent à même le tronc et sur les branches basses du cacaoyer. Son nom latin, *Theobroma cacao*, signifie « nourriture des dieux ». (Prétextons dès lors qu'il s'agit d'un TP d'éducation religieuse.) En dernier recours, pourquoi ne pas inventer un devoir d'histoire ? Mais pour être crédible, n'oublions pas que le chocolat, sous sa forme solide, a été créé en 1847 par Fry & Sons, près de Bristol, en Angleterre. Et qu'on doit le premier chocolat au lait à un Suisse, Daniel Peters, qui l'a conçu en 1875.

Qu'est-ce qui est marron et qui fait le bruit d'un cheval au galop ?

Les selles !

Direction les toilettes, les W.-C., les commodités, les latrines, le petit coin, le cabinet d'aisance, le trône, les gogues, les chiottes, et j'en passe. La plupart des gens attribuent l'invention des toilettes à Thomas Crapper, un Anglais, ce qui est faux. Crapper travaillait dans la plomberie. Il a amélioré le système d'évacuation de ce que l'on appelait alors le *water-closet*. Si l'on en croit les historiens, les soldats de la Première Guerre mondiale, en passant par Londres, ont vu le nom de Crapper sur la vitrine de sa boutique et ont fait l'amalgame. La confusion est toujours d'actualité. À Alamo Heights, au Texas, un certain Barney Smith a ouvert un musée d'abattants de toilettes d'art. Il y expose une collection de plus de cinq cents abattants, qu'il appelle ses « toiles ».

Il est toujours instructif de faire un tour sur le musée virtuel du papier toilette, sur le Net. Le fond se décline du papier toilette antique au papier toilette du XIXe siècle, en passant par le PQ imprimé de gags.

Quelques faits marquants

L'Amérique est le plus grand producteur et consommateur de papier toilette au monde. Mais ce ne sont pas les Américains qui l'ont inventé. En 1391, l'empereur de Chine commandait la fabrication de papier toilette en feuilles de 60 X 60 cm.

En 1857, Joseph Gayetty, un New-Yorkais, lançait la fabrication des premières feuilles de papier toilette en paquets de cinq cents. On appelait pudiquement ce nouveau produit « papier thérapeutique ». Prix du paquet : cinquante cents.

En 1890, une entreprise nommée Scott Paper inventait le premier papier toilette en rouleau. Gênée, l'entreprise a préféré ne pas signer sa création.

En 1991, les Américains se sont servis de papier toilette usagé pour camoufler leurs chars en Arabie saoudite pendant la guerre du Golfe.

En 1999, des scientifiques japonais inventaient les toilettes sans papier. Cet ustensile lave, rince et sèche le derrière de l'utilisateur.

En Italie, on l'appelle toujours *carta igienica* [« papier hygiénique »].

Les W.-C. les plus anciens ont été découverts à Mohenjo Daro, dans le nord-ouest de l'Inde. Ils ont plus de quatre mille ans, et leur tuyauterie donnait directement dans la rue.

Le plus grand lieu d'aisances du monde !

En 315 avant Jésus-Christ, il y avait cent quarante-quatre toilettes publiques dans la Rome antique. C'était un lieu populaire très fréquenté, souvent agrémenté de mosaïques et de fontaines.

Pour les Romains, l'importance des toilettes était telle qu'ils leur avaient donné un dieu : Crepitus.

En 1477, en Angleterre, un certain Samuel Prosser créa le *closet* à piston. L'idée séduisit Sir John Harrington, le filleul de la reine Elizabeth, et il décida de se pencher sur la question. Il inventa le premier « nécessaire à chasse d'eau » pour son auguste marraine en 1596. Il faut imaginer une version avant-gardiste de la chose : un objet qui serait aux toilettes modernes ce que le premier cerf-volant fut à l'aéroplane. Les amis de Sir John ont tous pensé à une plaisanterie. Pourquoi inventer une machine pour vider les commissions, petites ou grosses, alors qu'un seau remplissait le même office et qu'il suffisait de jeter le tout par la fenêtre ? La Reine et son filleul étaient en avance sur leur temps. Tous deux ont utilisé leur « nécessaire » avec ravissement, alors que le reste de la cour a continué à évacuer les immondices par les fenêtres.

Ce n'est que deux cents ans plus tard, en 1775, qu'Alexander Cummings mit la dernière touche au système de chasse d'eau que nous connaissons aujourd'hui. Le plus célèbre fabricant de toilettes de ce type, Thomas Twyford, créa la première cuvette tout en porcelaine en 1885.

En vérité, les toilettes existent depuis plus longtemps que cela. Il y a plus de quatre mille ans, le palais minoen, à Cnossos, en Crète, dans les Cyclades, en possédait une première version. Les Minoens comme les Romains réservaient des pièces aux toilettes, équipées d'eau chaude et d'eau froide, et utilisaient l'eau pour évacuer tout déchet.

Les premières toilettes publiques ont été inventées par les Romains. L'empereur Vespasien en a même profité pour remplir ses caisses en faisant collecter l'urine pour la vendre aux teinturiers.

En Écosse, au XVIIIe siècle, les colporteurs proposaient l'utilisation de toilettes publiques portatives dans la rue. Il fallait s'accroupir sur un seau et faire son affaire pendant que le colporteur entourait son client d'un grand tissu pour créer un semblant d'intimité.

Certains rois de France, en revanche, faisaient communément leurs besoins tout en menant les affaires de l'État. Nous en déduisons que fermer la porte pour s'offrir un moment de tranquillité est une coutume récente.

Bizarre, quand on y pense : l'organisme doit se débarrasser des déchets qu'il produit, or ces mêmes déchets sont excellents pour la terre. La « matière fécale » (allez, ne mégotons pas sur son nom officiel) est composée de 65 % d'eau, 15 % de cendres, 5 % de nitrogène et 15 % d'autres matériaux dont j'ai oublié le nom.

Trois millions de Chinois et deux millions de Japonais boivent leur propre urine tous les jours. Ils se gargarisent aussi avec, ou l'utilisent comme gouttes pour les yeux ou les oreilles.

Un chimiste allemand a pensé qu'il pouvait extraire de l'or de l'urine. Dans sa cave, il a fait évaporer cinquante-six seaux pour composer une sorte de pâte à l'odeur nauséabonde. Quelques heures d'évaporation plus tard, il produisait une petite bulle qui brillait dans l'obscurité et qui prit feu. Il avait découvert le phosphore. C'était en 1669.

Le premier mariage dans une sanisette a été célébré en 1996 à Taïwan.

En swahili, "merde" se dit kinyesi ou vinyesi.

L'un des pétomanes les plus célèbres de l'histoire de l'humanité était un Français nommé Joseph Pujol. Il était si doué qu'il gagnait sa vie en donnant des spectacles.
Joseph a découvert son talent à l'âge tendre. Ses débuts au Moulin Rouge à Paris, en 1892, ont été un immense succès. Joseph réussissait à imiter les mitraillettes et les sonneries de clairon. Il finissait le spectacle en pétaradant les premières mesures de *La Marseillaise*.

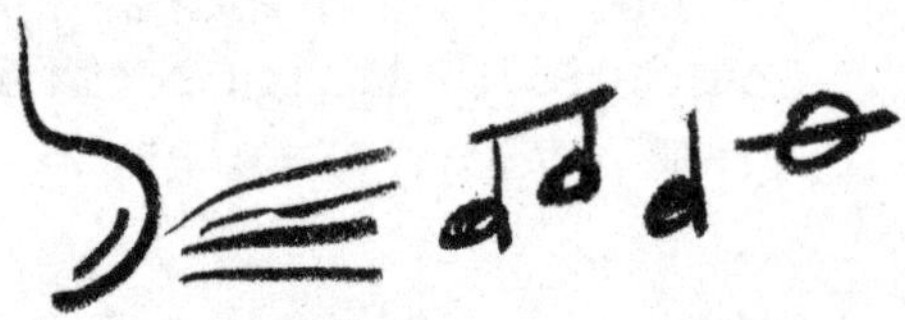

En 1980, sur une chaîne de télévision japonaise, un homme a pété plus de trois mille fois d'affilée en direct.

Aucun doute sur la question, il n'y a rien de moins cool que de roter ou de faire des prouts à table, dans un bus ou dans un train. L'acte mérite pire qu'un carton jaune. Et les faux pets imités avec les mains ne sont pas cool non plus, parce que les gens ignorent que c'est juste une contrefaçon.

Pourquoi les flatulences sentent-elles mauvais ? À cause du sulfure d'hydrogène qui leur donne leur fragrance si particulière d'œuf pourri.

« Pet », en anglais, se dit *fart*.
Bah sheet en roumain.
Dut en vietnamien.
Purrrd note en tchèque.
Pay dough en espagnol.
Oh nowla en japonais.
Fàng pi en mandarin.

Restons dans le vif du sujet : ce sont les Indiens du Nouveau Monde qui ont pensé à faire cuire les haricots blancs. En 1875, l'Amérique se lança dans la mise en conserve des haricots blancs assaisonnés à la mélasse. C'est en 1891 qu'on dut à la Van Camp Packing Company d'Indianapolis l'ajout de sauce tomate à la recette. Les *baked beans* débarquaient en Angleterre en grande pompe à la même époque. Aujourd'hui, plus d'un siècle plus tard, les Britanniques mangent deux fois plus de sauce tomate et de haricots que les Américains.

Le premier soda fit son apparition au XVIIe siècle : un simple jus de citron avec du miel. Les vendeurs ambulants transportaient des barils sur leur dos et versaient des tasses aux amateurs.

La limonade est gazeuse. C'est-à-dire qu'on injecte du gaz carbonique dans l'eau pour qu'elle fasse des bulles.

COCA-COLA A ÉTÉ FONDÉ EN 1886 PAR JOHN PEMBERTON, UN PHARMACIEN.

Les boissons gazeuses contiennent du gaz carbonique, ce qui fait roter. Un rot, c'est du gaz. Lorsque nous mangeons et que nous buvons, nous avalons de l'air en même temps. L'air que nous respirons contient des gaz comme l'azote et l'oxygène. Or, quand on avale du gaz, mieux vaut l'expulser : rien de tel qu'on bon vieux rot libérateur et spontané !

Trucs célèbres dont vous allez forcément entendre parler

Les Klingons sont les ennemis jurés des humains dans *Star Trek*. L'empire klingon vole aux autres tout ce dont il a besoin.

Sales types !

Spock est un extraterrestre de *Star Trek*, un Vulcain au sang vert. Vous le reconnaîtrez quand vous le verrez. Il a des oreilles pointues et il dort les yeux ouverts.

Réveillé !

Ésope était un Grec qui vivait au VIe siècle avant Jésus-Christ et qui écrivait des fables. Il était difforme. Né esclave, il fut affranchi et se mit à voyager. On l'accusa de vol (finalement, c'était un coup monté) et on le jeta du haut d'une falaise. Une chute à laquelle il survécut. Parmi ses contes les plus connus, notons *L'Oie et les Œufs d'or* ainsi que *Le Lion et la Souris*.

Aladin est le personnage le plus célèbre des *Mille et Une Nuits*, un recueil de contes arabes dont les intrigues se déroulent dans l'ancien empire chinois. Aladin passe son temps à désobéir à son père. Un jour, un magicien lui promet toutes sortes de richesses s'il accepte de l'aider. Il doit aller jusqu'au fond d'une grotte et en rapporter une lampe. Aladin accepte la mission, mais une fois arrivé, il réfléchit et refuse de donner la lampe au magicien. Celui-là, furieux, l'enferme dans la grotte. Deux jours plus tard, Aladin frotte un anneau de cuivre contre la lampe. Un génie apparaît, lui annonce qu'il accédera à tous ses vœux et lui demande ce qu'il désire, là, tout de suite. Aladin demande à être libéré. Quand il retourne chez lui, sa mère n'a plus rien à manger, c'est la famine. Il décide de vendre la lampe. Il se met à l'astiquer pour la nettoyer, et le génie apparaît à nouveau. Il redemande à Aladin ce qu'il désire. Prenant conscience de sa chance inespérée, Aladin devient enfin un bon garçon !

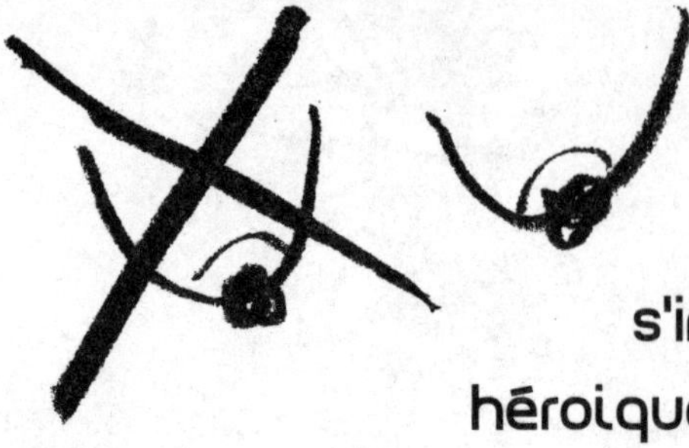

Puisqu'on est dans les A, un détour par les Amazones s'impose. Ces guerrières héroïques dans la mythologie grecque se tranchaient le sein droit pour pouvoir plus commodément bander leur arc et tirer leurs flèches. La lettre a placée au début d'un mot signifie souvent « sans ». *Mazos* signifie « sein ». Amazone. Pigé ?

Antée, fils de Gaïa et de Poséidon, dieu de la mer dans la mythologie grecque, était un lutteur d'élite, symbole de force et de masculinité, qui vivait dans une maison construite avec les crânes de ses victimes.

Astérix est un héros de bande dessinée qui vivait vers 50 avant Jésus-Christ dans un petit village gaulois cerné par des camps de soldats romains. Une potion magique lui donne une force surhumaine. Son meilleur ami est le géant Obélix, qui mange des sangliers sauvages.

Le roi Arthur était l'un des chevaliers de la Table ronde. Il est devenu roi à quinze ans, après avoir réussi à retirer d'un gros rocher une épée qui y était fichée, Excalibur.

En fait, Batman est un type qui s'appelle Bruce Wayne et qui a fait le vœu de lutter contre le crime, après qu'un gangster a tué ses parents. Son corps et son esprit sont entraînés à la perfection. Mais il réalise qu'il a besoin d'un déguisement, et pendant qu'il hésite entre plusieurs possibilités, il lève les yeux au ciel et voit une chauve-souris passer devant la vitre. Ça y est, il a trouvé : Batman est né. Ses ennemis sont le Joker, le Pingouin, Mister Freeze, Catwoman et l'Épouvantail. Les gentils sont Batman, Batgirl, Krypto le Superchien et Bat-Mite.

La Ferme des animaux est une fable satirique écrite par George Orwell en 1945. Les animaux d'une ferme fomentent une révolution pour prendre le pouvoir et gérer leur vie comme ils l'entendent. Mais ils sont trahis par leurs chefs, les cochons, qui mettent en place un régime encore pire que le précédent. Le slogan des cochons est : « Tous les animaux sont égaux, mais certains sont plus égaux que d'autres. »

Le Renard est l'élève pickpocket le plus doué de maître Fagin dans *Oliver Twist*, le roman de Charles Dickens.

Walt Disney a créé le personnage de Mickey Mouse en 1932. Il est également célèbre pour la fondation des studios Disney, qui ont produit des dessins animés et des films comme *Pinocchio* (1940), *Fantasia* (1940) et *Peter Pan* (1953).

Blanche-Neige et les sept nains est le premier dessin animé long comme un film de cinéma. Il a été conçu par Walt Disney en 1937.

Le Docteur Doolittle est un vétérinaire peu commun qui peut parler quatre cent quatre-vingt-dix-neuf langages d'animaux différents. Il a été imaginé par Hugh Lofting au cours d'une bataille pendant la Première Guerre mondiale.

Jack Frost est un elfe au doigt de glace qui découvre les feuilles en automne et dessine le givre sur les vitres.

Gulliver, dans *Les Voyages de Gulliver*, de Jonathan Swift (publié en 1726), part en mer. Il visite des îles habitées par des êtres minuscules, le royaume des Lilliputiens, et découvre Brobdingnag, le domaine des géants. Il rencontre des chevaux qui parlent, les Houyhnhnms et traverse Glubbdubdrib, le pays des magiciens et des fantômes.

Les Yahoos, des personnages vils et mal dégrossis évoqués dans *Les Voyages de Gulliver*, **incarnent la vision des humains de Jonathan Swift.**
À ne pas confondre avec Yahoo.com !

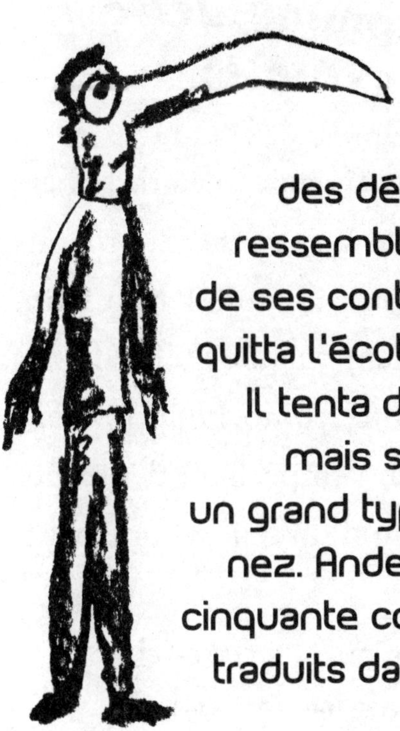

Andersen était le fils
d'un pauvre cordonnier
et d'une lavandière ;
des débuts dans la vraie vie qui
ressemblent étrangement à ceux
de ses contes. À quatorze ans, Hans
quitta l'école pour chercher fortune.
Il tenta d'abord de devenir acteur,
mais sans grand succès. C'était
un grand type maigre avec un grand
nez. Andersen a écrit plus de cent
cinquante contes de fées qui ont été
traduits dans plus de cent langues.

Les Leprechauns sont des créatures qui
ne mesurent qu'un mètre. Elles sont les
cordonniers du petit peuple. Leur nom
vient du mot irlandais **leith bhrogan**,
qui signifie « le cordonnier unique »,
puisque le Leprechaun ne peut
confectionner qu'une chaussure à la fois.

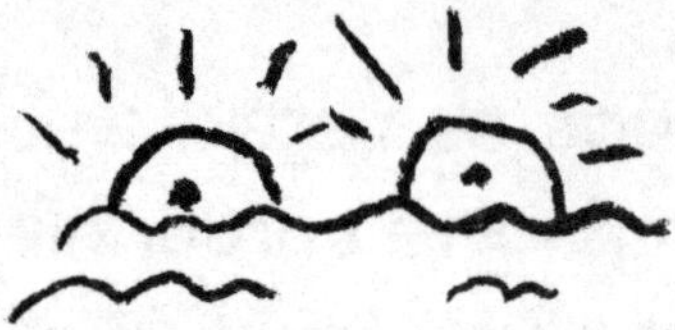

comme deux soleils !

Dans la Bible, le Léviathan était une grosse bête maritime. Ses yeux étaient si grands et si brillants qu'ils éclairaient toute la mer. Quand il avait faim, son haleine était tellement chaude qu'elle faisait bouillir l'eau. Seules les petites épinoches pouvaient contrôler le Léviathan en l'empêchant d'assécher l'océan d'un seul grognement.

Le Lapin blanc, le Chat du comté de Chester, la Tortue fantaisie, la Reine de cœur et le Chapelier fou sont tous des personnages d'*Alice au pays des merveilles* (écrit en 1865 par Lewis Carroll). Alice est une petite fille qui tombe au fond d'un puits et atterrit dans un pays étrange. Elle découvre qu'elle peut devenir extrêmement grande ou extrêmement petite, juste en grignotant les côtés opposés d'un champignon très spécial.

Le Petit Prince est l'histoire d'un petit garçon qui voyage autour du monde à la recherche des racines de l'émotion des hommes. Le livre a été écrit par Antoine de Saint-Exupéry, pilote français pendant la Seconde Guerre mondiale. **Le Petit Prince** vit sur l'astéroïde B-612.

Popeye est un personnage de dessin animé, un matelot très musclé qui gagne sa vie en boxant et en cherchant des trésors. Le secret de sa force : manger beaucoup d'épinards.

Bart Simpson est un petit garçon de dix ans qui n'est pas le plus malin du quartier, mais qui a un grand cœur. Bart va à l'école élémentaire de Springfield où il récolte des zéros dans toutes les matières. *Les Simpson* détiennent le record de longévité du dessin animé télévisé : Bart et Homer ont survécu pendant trois cents épisodes.

Les Feux de l'amour est une série télé qui faisait peut-être palpiter vos parents et vos grands-parents. La série a commencé en 1973 et durera jusqu'à Armageddon.

Y en a marre !

Armageddon est la date prévue de la fin du monde.

« Et il y eut des éclairs, des voix, des tonnerres, et un grand tremblement de terre, il n'y avait jamais eu un aussi grand tremblement depuis que l'homme est sur la Terre. » **Apocalypse selon saint Jean**, chapitre 16, verset 18, pour une description d'Armageddon.

Peter Pan est le héros éponyme du livre de James Matthew Barrie. Il ne grandit jamais. Dans **Peter Pan**, la fée Clochette saupoudre de la poussière de fée sur les enfants, et il leur suffit de faire un voeu heureux pour que celui-ci se réalise. Mon souhait serait de voler. Mais les humains en sont incapables; nous sommes trop lourds et nous n'avons pas d'ailes. Les oiseaux volent parce que leur squelette est très léger ; leurs os sont à demi creux et ils ont des plumes. Ils flottent naturellement. Leurs ailes sont légèrement incurvées pour gagner le plus de portance, et leurs plumes retiennent le vent.

Achille est le héros de *L'Iliade*, le long poème épique écrit par le poète grec Homère. Achille a pris une part active à la guerre de Troie du côté des Grecs et a assassiné Hector, le héros troyen. Lorsqu'il était petit, sa mère l'a plongé dans la rivière Styx, lui offrant ainsi l'immortalité grâce à une protection totale. Sauf sur le talon, par lequel elle le tenait pendant l'immersion. Il est tué par une flèche reçue dans le talon, tirée par Pâris, le frère cadet d'Hector. L'expression « talon d'Achille » est utilisée pour décrire la partie vulnérable du caractère de quelqu'un.

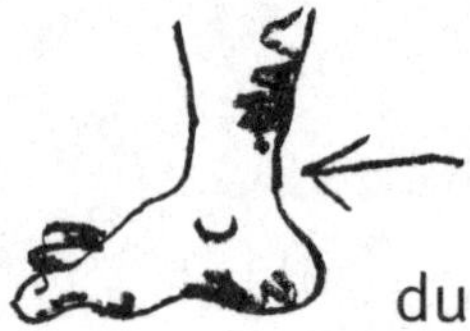

Tout le monde connaît Homère, alors qu'en réalité personne ne sait grand-chose de lui. On ne sait pas qui étaient ses parents. C'était un poète aveugle qui vivait autour de la mer Ionienne. Homère a écrit les célébrissimes *L'Iliade* et *L'Odyssée*.

Odyssée est un autre mot qui nous vient du Grec. Signification exacte ? Un immense voyage comme dans : « Hé, mec, il a fallu attendre la dépanneuse, marcher jusqu'au garage, faire du camping pendant trois jours avant que les pièces ne soient livrées. Quelle odyssée ! »

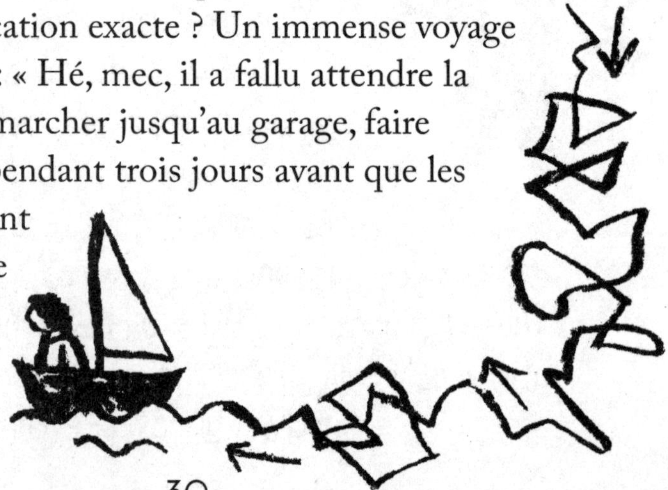

Le tapis volant est un moyen de locomotion fréquent dans les histoires du Moyen-Orient. Le tapis emmène son passager vers le monde de l'imaginaire. Sa conception aurait été inspirée par la progression paresseuse des nuages.

Voyages et aventures célèbres

Les oiseaux qui volent vers le sud pour l'hiver couvrent d'immenses distances. Une sterne arctique retrouvée morte à Stewart Island, en Nouvelle-Zélande, avait réalisé un trajet de vingt-cinq mille kilomètres depuis la Suède. Le musée suédois d'Histoire naturelle a pu établir qu'il s'agissait de la plus grande distance réalisée par un oiseau bagué en provenance de Suède. Les scientifiques pensent que la sterne a longé la côte de l'Afrique, doublé l'Afrique du Sud, puis viré à l'est pour traverser l'océan Indien.

Les sternes arctiques passent tout l'été dans l'Arctique et migrent à l'automne vers le sud pour s'installer dans l'Antarctique l'été suivant. En fait, elles passent le plus clair de leur vie à la lumière du jour, sauf pendant les périodes de migration.

Certains oiseaux-mouches migrent de l'Amérique du Sud aux États-Unis tous les ans.

Les papillons monarques parcourent trois mille kilomètres par an pour migrer du Canada au Mexique.

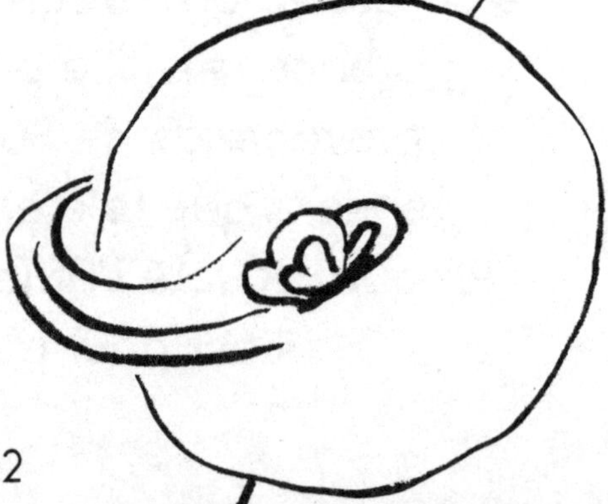

Les premiers explorateurs naviguaient en étudiant la position des planètes dans le ciel, le Soleil, les étoiles et la Lune. Les Chinois ont inventé le compas il y a quatre mille ans. Mais les Européens n'ont commencé à l'utiliser que depuis un millénaire.

En 600 avant Jésus-Christ, les Phéniciens ont été le premier peuple à naviguer le long des côtes africaines.

Alexandre le Grand (356-323 avant Jésus-Christ) a pris la tête d'une armée d'invasion grecque pour conquérir l'Asie et la Perse. Il a traversé la Syrie, l'Égypte et Babylone et a fondé la ville d'Alexandrie en 331 avant Jésus-Christ. Elle se dresse toujours aujourd'hui sur la côte méditerranéenne. En route pour l'Inde, ses troupes se sont rebellées, et Alexandre a dû retourner chez lui en Macédoine, un pays situé au nord de la Grèce. Il y est tombé malade et, après trois jours de fièvres, est mort à l'âge de trente-trois ans.

Alexandre le Malade.

Alexandre le Mort.

Christophe Colomb a été le premier Européen à découvrir l'Amérique. Les Vikings, qui venaient de Norvège, l'avaient peut-être découverte avant lui, et les Indiens natifs y vivaient depuis déjà très longtemps. Quand Colomb a atteint l'Amérique en 1492, il était convaincu d'accoster en Inde. En fait, Colomb n'était même pas parvenu jusqu'au continent américain. Il avait débarqué dans les Antilles néerlandaises, qu'il avait prises pour des îles bordant la Chine.

complètement paumé !

Roald Amundsen et son équipe ont atteint le pôle Sud le 4 décembre 1911. Aucun autre être humain n'était jamais allé aussi loin au sud. À la même époque, un autre explorateur, le capitaine Scott et son équipe mouraient en essayant d'atteindre le pôle.

Amundsen a mangé ses chiens.

Fernand de Magellan a prouvé au monde entier que la Terre était ronde en en faisant le tour en bateau. Par beau temps, on peut constater que la Terre est ronde en appliquant face au ciel une règle sur la ligne d'horizon. La surface de la Terre s'incurve. Par ailleurs, on peut voir par nuit claire deux taches sur le ciel qui sont d'autres galaxies. On les appelle les « Nuages de Magellan ».

MAGELLAN EST LE PREMIER EUROPEEN A AVOIR DECOUVERT L'OCEAN PACIFIQUE.

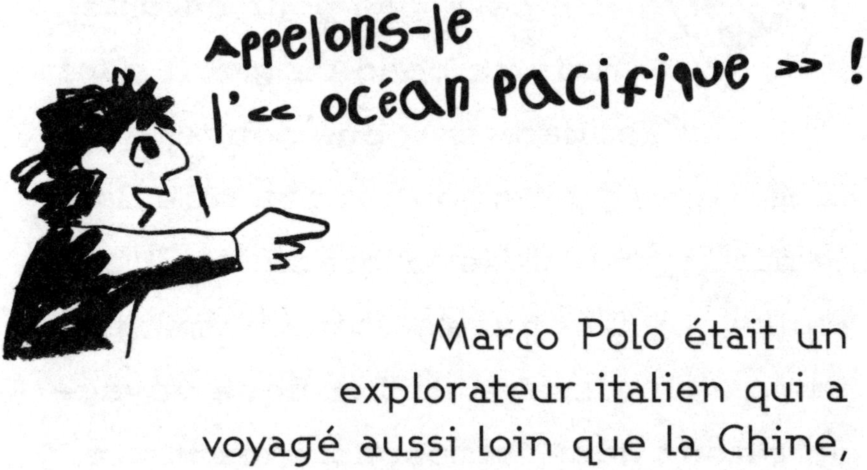

Marco Polo était un explorateur italien qui a voyagé aussi loin que la Chine, avec son père et son oncle, en 1271.

Sir Edmund Hillary est le premier homme à avoir réussi l'ascension de l'Everest (la plus haute montagne du monde). Sir Ed, un Néo-Zélandais, a grimpé jusqu'en haut du Toit du monde en 1953, accompagné de Tenzing Norgay, son sherpa.

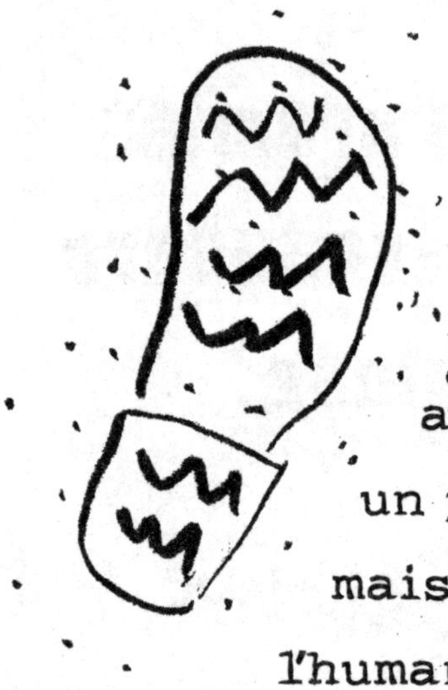

Neil Armstrong est le premier humain qui a posé le pied sur la Lune. Il est célèbre pour avoir dit alors : « C'est un petit pas pour l'homme, mais un bond de géant pour l'humanité. » Vous pouvez l'apercevoir dans son propre rôle dans le film *Apollo 13* (star officielle : Tom Hanks). Un film qui relate une tentative ratée d'alunissage et l'héroïque voyage de retour dans l'atmosphère terrestre.

James Cook a exploré de nombreuses îles du pacifique. Il est le premier Européen à avoir touché les côtes de la Nouvelle-Zélande. Abel Tasman, un explorateur hollandais, a été le premier à voir la Nouvelle-Zélande, mais n'a pas réussi à toucher terre.

Kupe est le premier Polynésien à avoir découvert la Nouvelle-Zélande. Il y a plusieurs versions différentes de l'histoire, mais selon l'une, lui et sa femme étaient partis chasser le poisson de leurs ancêtres. Ils suivaient une pieuvre géante quand ils ont vu ce qu'ils ont pris pour un long nuage blanc à l'horizon. Ils ont vite réalisé que c'était une terre et l'ont baptisée *Aotearoa*, littéralement « Terre du long nuage blanc ». Cela s'est passé des centaines, voire un millier d'années avant l'arrivée du capitaine Cook. Mais personne ne connaît la date exacte.

L'un des explorateurs les plus célèbres de l'Afrique est sans conteste le Dr Livingstone. Il a été porté disparu pendant cinq ans. C'est Henry Stanley, un journaliste américain envoyé à sa recherche, qui l'a retrouvé. Et ses premiers mots, en rencontrant le disparu, ont été : « Docteur Livingstone, je présume ? »

Et peut-être que ça lui plaisait d'avoir disparu ?

La première personne à avoir réalisé un planisphère est le cartographe allemand Martin Behaim. Il l'a conçu entre 1490 et 1492. Un travail remarquablement précis.

Qui a inventé le papier ?

Quelque temps autour de 105 après Jésus-Christ, un Chinois nommé Tsaï-Lun a découvert qu'une mixture de vieux chiffons, d'écorce de mûrier et de chanvre versée sur un cadre formait une sorte de feuille en séchant. Il a poncé la feuille avec de l'alun jusqu'à ce qu'elle soit toute douce et découvert qu'on pouvait dessiner dessus.

Grâce aux améliorations que lui ont apportés les Arabes, la fabrication du papier est vite devenue un artisanat de haut vol. Le premier moulin à papier fut construit à Bagdad, en Irak, plusieurs siècles après l'expérience de Tsaï-Lun avec l'écorce de mûrier, le chanvre et les vieux chiffons.

Le premier livre relié a été produit dans le monde arabe.

qui a inventé la roue ?

Dans la nature, la roue n'existe pas, et les premiers humains, qui se contentaient souvent de reproduire ce qui les entourait, n'ont pu s'inspirer de leur environnement pour y dénicher l'idée. La roue est peut-être née de la découverte qu'on pouvait déplacer la carcasse d'un gros animal en la faisant rouler sur des rondins. Mais quand les rondins pèsent très lourd, eux aussi, c'est idiot de les porter sur de longues distances pour aller chercher une carcasse d'animal tout aussi lourde.

Bruce et Igor se remuent les méninges. Pourquoi ne pas tailler les troncs en plus petits morceaux ? Et mieux ! Pourquoi ne pas relier les petits morceaux par un long bâton ? Les scientifiques pensent que la roue est née ainsi.

Avec cette invention apparaissent les premiers chariots. Voyager devient possible. Très vite, on construit des routes. Les Romains sont réputés pour avoir réalisé des routes incroyablement longues et droites. Certaines d'entre elles existent encore en Grande-Bretagne, sous les autoroutes londoniennes. Les autoroutes et les voies rapides ne sont apparues qu'après l'invention de la voiture. Avant la voiture, les citadins s'assuraient qu'ils n'entendaient pas le claquement des sabots de cheval avant de traverser une route.

Les skateboards sont plus récents.

Les premiers pas : en 1958, un certain Bill Richards, propriétaire d'une boutique de matériel de surf en Californie, repéra des gamins qui chevauchaient des planches de surf auxquelles ils avaient attaché des roulettes.

Bill commanda immédiatement des roulettes à une société de fabrication de rollers et lança le surf des rues.

Dans les années 1970, l'ajout du *kick* donna à la planche une forme concave à l'arrière relevé, ce qui permit au skateur de mieux contrôler les réactions de son engin. Puis les roulettes en uréthane remplacèrent les premières roues en argile cuite. Comme celles-ci cahotaient constamment sur le macadam, les nouvelles roulettes permirent enfin une vraie glisse.

Quelques trucs hallucinants

La température de la surface du Soleil est de 5 496,8 °C. La température moyenne d'un bain est de 30 °C. La température normale du corps humain est de 37 °C environ.

Assez pour faire cuire 6 000 000 000 000 000 000 000 000 gigots d'agneau en une demi-seconde !

Notre Terre et notre Lune sont vieilles de 4 500 000 000 d'années, comme la plupart des météorites qui nous bombardent.

Des météorites tombées sur le village égyptien de El-Nahkla ont tué un chien.

Personne ne sait combien d'étoiles il y a dans le ciel. Elles sont innombrables. Essayer de les compter, c'est comme essayer de deviner le nombre de grains de sable sur une plage. Vous pouvez toujours avancer un chiffre : qui va le contester ? On estime tout de même que le nombre d'étoiles s'évalue en termes de trillions et de quatrillions plutôt que de millions.

Il y a huit planètes.

Même chose pour les insectes. Jusqu'à présent, plus d'un million d'espèces d'insectes ont été identifiées par les entomologistes (le mot chic pour désigner les scientifiques qui étudient les insectes).

Mais ceux-là estiment qu'il reste à en découvrir de deux à dix fois autant.

Le nez peut sentir
la différence entre
quatre mille substances.

L'espace ressemble à une casse. De vieilles ferrailles y tournent. En 1997, un rapport de la NASA dénombrait plus de vingt-cinq mille objets façonnés par l'homme dans l'espace. Huit mille six cent quatre-vingt-un étaient en orbite, et seize mille en état de délabrement avancé.

Un adulte de taille moyenne est constitué d'environ huit kilos de graisse.

À la naissance, le bébé a trois cents os. Pendant la croissance, certains se soudent. Résultat, un adulte n'en a plus que deux cent huit.

Et on a six cent trente-neuf muscles.

L'organe le plus lourd dans le corps est le foie (mille cinq cent soixante grammes en moyenne.)

L'humain est la seule espèce qui rit. Quinze des muscles faciaux se contractent lorsqu'on rit. En termes sportifs, rire cent fois équivaut à dix minutes sur le rameur ou quinze minutes sur un vélo d'intérieur.

Rire fait baisser la tension artérielle et provoque un apport d'oxygène dans le sang. Cela donne aussi au diaphragme, à l'abdomen, aux jambes et aux muscles fessiers un bon petit coup de fouet.

Il était une fois le dentifrice. Tout d'abord, les humains utilisaient leurs doigts ou des bâtons et écrasaient de l'os ou des coquilles d'œufs. Les brosses à dents primitives étaient composées de poils de cochon. Les brosses en Nylon n'ont été inventées qu'en 1938.

Le premier dentifrice était constitué d'écorce pilée et de parfum. Autour de 3000 avant Jésus-Christ, les Égyptiens se servaient de dentifrice à base de cendre réduite en poudre. Les dentifrices modernes ont été mis au point dans les années 1800. Leurs inventeurs ont ajouté des ingrédients comme le savon et la craie. Le fluor et le calcium se sont pas entrés dans sa composition avant 1960 et 1980.

En 1892, le premier tube de dentifrice pliant fut créé. Les plombages existaient déjà. Ils étaient composés d'éclats de pierre, de résine, de gomme d'or ou de mercure. Dès 700 ans avant Jésus-Christ, les Étrusques faisaient de fausses dents en ivoire et en os.

La licence de la chaise dentaire a été déposée en 1848. Celle de la roulette électrique date de 1875. En 1846, le Dr William Morton fut le premier dentiste à pratiquer une anesthésie avant de retirer la dent. La novocaïne a été inventée en 1905.

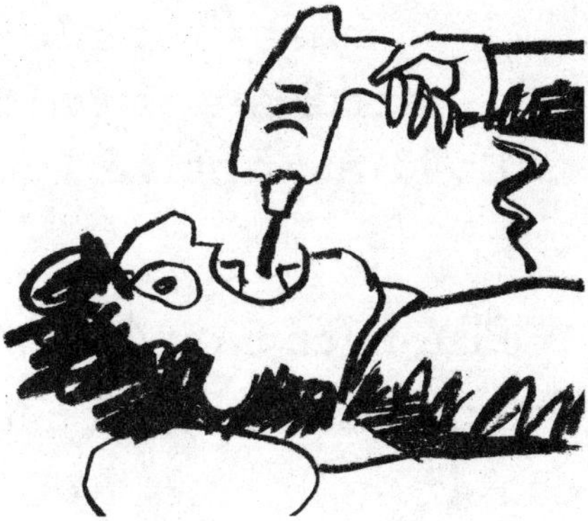

Vieux types incontournables

Allah est le nom arabe de l'être suprême, *alias* Dieu.

Aristote, Pythagore, Platon, Archimède, Darwin, Socrate, Héron d'Alexandrie, Euclide... Familiarisez-vous avec leurs noms, vous en entendrez parler au lycée et plus tard. Bonus en avant-première, voici pourquoi ils sont célèbres.

Pythagore est l'un des plus grands mathématiciens. Il a déterminé les nombres impairs, pairs et premiers. Et il a baptisé le carré et le triangle.

Platon (environ 429-347 avant Jésus-Christ) est entré dans l'histoire après avoir écrit *Les Dialogues*. Dans ses premiers dialogues, Socrate, son vieux professeur, est le personnage principal.
Platon a également rédigé *L'Apologie de Socrate*, qui rapporte la défense de Socrate à son procès. L'Histoire prétend que le nom originel de Platon était Aristoclès, mais qu'il l'a transformé en Platon (mot qui signifie « large ») à cause de son grand front et de son corps puissant.

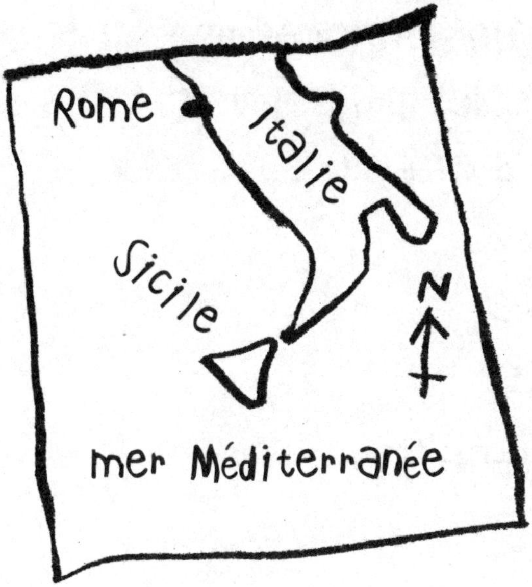

Archimède est né à Syracuse vers 287 avant Jésus-Christ. Syracuse est en Sicile, cette île en forme de balle nichée au bout du gros orteil de l'Italie. Vérifiez sur une carte.

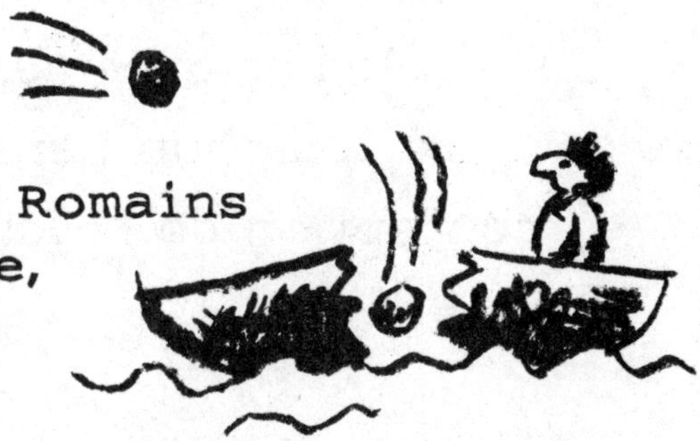

Archimède a aussi inventé la catapulte. Quand les Romains attaquèrent Syracuse, ils pensaient que ce serait du gâteau. Ils avaient prévu de conquérir la ville en quelques jours. Or, grâce aux catapultes géantes d'Archimède qui coulèrent les navires romains sous les rochers, la résistance permit à la bataille de durer plusieurs mois.

Archimède a imaginé cinq façons faciles de remuer des poids lourds avec le minimum d'effort :

1. Le levier.
2. La roue.
3. La poulie.
4. La vis sans fin.
5. Le coin.

Charles Darwin (1809-1882) est un Anglais célèbre pour son livre *De l'origine des espèces par voie de sélection naturelle*, où il expose sa conception de l'évolution des espèces au cours des millénaires.

socrate

(470-399 avant Jésus-Christ) est l'un des plus célèbres professeurs ayant jamais vécu. Il ne savait ni lire ni écrire, mais son meilleur élève, Platon, a retranscrit la plupart de ses enseignements dans *Les Dialogues.* Socrate était très pédagogue. Il pensait que la méchanceté était due à l'ignorance. La méthode socratique d'enseignement reposait sur des conversations avec les étudiants. Sa stratégie consistait à démontrer que la réponse à la plupart des questions se trouve déjà dans l'esprit de chacun. Socrate a été accusé d'avoir « corrompu la jeunesse » et fut condamné à mort. Il a refusé de s'échapper, bien qu'on lui en ait offert la possibilité. Il a préféré mourir en buvant la ciguë, un poison extrait de la plante *Conium maculatum* ou grande ciguë.

Mick Jagger est le leader des Rolling Stones, le groupe de rock à la longévité record. Ils se produisent en concert depuis le début des années 1960. Parmi leurs tubes, *Satisfaction*, *Brown Sugar*, *Wild Horses*, *Street Fighting Man*, *Angie*, et une tonne d'autres.

John et George sont morts aujourd'hui.

Les Beatles, le groupe de pop le plus célèbre de tous les temps, s'est formé en 1959. Les membres s'appelaient Paul McCartney, John Lennon, George Harrison et Ringo Starr. Au début, ils se sont fait remarquer par leur coupe au bol – carrément pas cool aujourd'hui, mais au top de la mode dans les années 1960. Leurs disques les plus célèbres sont *Abbey Road* et *Sergent Pepper's Lonely Hearts Club Band*. La plupart des parents se divisent en deux camps : fans des Beatles ou fans des Rolling Stones. Rares sont ceux qui aiment les deux. Il y en a, mais peu.

Petite sélection de la collection de musique des parents :

Bob Dylan
Bruce Springsteen

Michael Jackson,
« Le Roi de la pop ».

Super danseur mais devenu un peu bizarre dernièrement.

James Brown « Le Parrain de la soul »,
Madonna,
Paul Simon,
Jimi Hendrix.

L'homme qui mettait le feu à sa guitare !

Elvis Presley, « The King », alias Elvis « le Pelvis » à cause de la façon dont il se déhanchait quand il dansait. Ses titres les plus célèbres comptent *Hound Dog*, *Blue Suede Shoes*, *Jailhouse Rock*.

Les Sex Pistols : un groupe anglais anti-tout qui refusait, entre autres, de profiter des avantages du succès. Les Sex Pistols étaient aussi contre tout ce qui les avait précédés dans le monde du rock'n roll. Ils chantaient faux exprès en affichant un sourire sarcastique.

The Monkees est un pur produit du petit écran. C'est le premier groupe entièrement fabriqué par les studios. Un concept novateur qui a conduit à la naissance des Spice Girls deux décennies plus tard.

La Danse de la fée Dragée est une musique écrite par le compositeur russe Piotr Tchaïkovski. C'est un extrait de *Casse-Noisette*, un ballet classique auquel une version télévisée, avec Macaulay Culkin en star (le petit garçon héros de *Maman, j'ai raté l'avion*), a redonné un second souffle. *La Danse de la fée Dragée* est utilisée dans de nombreuses bandes-son de films et de dessins animés, dont *Ren & Stimpy*.

La Lettre à Élise a été écrite par le compositeur allemand Ludwig van Beethoven pour l'une de ses élèves préférées. Tout apprenti pianiste apprendra un jour ou l'autre à jouer cette mélodie. Beethoven n'a jamais entendu la plupart de ses compositions : il est devenu complètement sourd à quarante deux ans, ce qui ne l'a pas empêché de continuer son œuvre musicale.

Un peu comme un champion de tir à l'arc qui serait aveugle !

Le compositeur Johann Sebastian Bach a sollicité le margrave de Brandebourg pour obtenir un emploi. Pour faire valoir son talent, Bach composa six concertos et les envoya au margrave. Celui-ci n'a jamais pris la peine d'ouvrir l'enveloppe, qui ne fut découverte qu'une centaine d'années plus tard. Aujourd'hui, Bach est notamment célébré pour ses *Concertos brandebourgeois,* un petit joyau parmi toutes ses œuvres.

L'Antre du roi de la montagne et *Au matin* ont été écrits par le Norvégien Edvard Grieg (né en 1843). *L'Antre du roi de la montagne* est une œuvre très spectaculaire. Elle est souvent reprise dans des comédies télévisées. *Au matin* est une chanson que les musiciens en herbe apprennent à jouer quand ils débutent l'apprentissage d'un instrument. On l'entend aussi beaucoup au petit écran dans les pubs pour les désodorisants. Ces deux chansons sont extraites de *Peer Gynt*, l'opéra de Grieg.

Les Quatre Saisons est une œuvre d'Antonio Vivaldi, un grand compositeur italien. C'est un ensemble de quatre concertos qui symbolisent le printemps, l'été, l'automne et l'hiver.

La plupart des compositeurs classiques sont désormais décomposés.

L'origine du blues est afro-américaine. Les premiers blues ont été improvisés, généralement chantés ou joués sur une guitare, un banjo ou un harmonica. Le 12-bar riffs à la guitare est indissociable du blues. Écoutez Muddy Waters et BB King.

Le hip-hop est un
phénomène assez récent.
Il couvre une large palette
de styles, dont le rap.
Aujourd'hui, on a plus
tendance à parler de MCing,
ce qui revient au même.
DJ-ing et scratching avec
des LP sont la signature de la culture hip-hop.
Parmi les artistes de hip-hop célèbres, citons
Eminem et 50 Cent. Le vrai nom d'Eminem
est Marshal Mathers.
Ses chansons les plus connues sont *The Real Slim Shady*, *Stan* et *One Shot*.

La pop music regroupe tout ce que le public trouve cool ou in à un moment précis. Le titre qui va passer à la radio en boucle pendant des semaines jusqu'à l'arrivée du tube suivant est la nouvelle icône pop. Vous voyez le style : The Sugarbabes et Britney Spears.

Le heavy metal est une musique lourde et saturée qui s'appuie sur un rythme de guitare rapide, sans mélodie. Cf. Black Sabbath et Metallica.

Le Jazz est une combinaison d'instruments à vent (comme la trompette, le saxophone, le trombone, la clarinette), de piano, de guitare, de percussions et de chant. Un morceau de jazz débute souvent par des solos improvisés par chaque membre du groupe. Il existe une immense diversité de styles de jazz, mais leur point commun est le rythme particulier du jazz, ou swing, qui se caractérise par une accélération progressive de la cadence. Il utilise des notes bleues ou *bent* qui donnent une coloration particulière aux mélodies. Parmi les artistes de jazz, citons Ella Fitzgerald (chanteuse) et Louis Armstrong (trompettiste).

Le folk est originellement la musique des paysans. Son origine est si ancienne que personne ne peut en retrouver la source. Aujourd'hui, il recouvre beaucoup plus de domaines. Woody Guthrie est la référence en matière de folk dont se réclame la jeune génération d'interprètes.

La dance, ou musique électronique, va de la techno au drum'n'bass et au hard house, en passant par l'ambiant, la trance, le break-beat, le downbeat, etc. Ces styles reposent sur l'accentuation et le développement des sonorités *via* l'utilisation d'ordinateurs et d'autres équipements électroniques. Certains exemples fameux incluent House DJ, John Digweed, et the Drum'n'Bass DJ Goodie.

L'opéra est une pièce chantée. Généralement, les intrigues des livrets d'opéra parlent d'amour et d'aventures qui finissent mal. De nombreux compositeurs d'opéra vivaient en Europe et écrivaient dans d'autres langues que l'anglais, notamment l'italien, le français et l'allemand. Parmi les opéras les plus célèbres : *Aïda,* de Verdi, *La Tosca* et *Madame Butterfly*, de Puccini.

La musique classique peut être interprétée par un ou plusieurs des groupes d'instruments suivants : cordes, instruments à vent en bois, cuivres et percussions. Mozart, Beethoven, Grieg et Bach sont tous des compositeurs classiques.

Personnages célèbres qu'il est bon de connaître pour ne pas passer pour un imbécile

Rembrandt était un grand peintre hollandais, remarquable notamment pour ses portraits.

Léonard de Vinci, inventeur, philosophe et artiste est l'auteur de *La Joconde*, exposée au Louvre, à Paris. Probablement la toile la plus célèbre au monde. Il a également conçu le premier parachute, le premier char d'assaut, la première bicyclette et le premier hélicoptère.

Michel-Ange a décoré le plafond de la chapelle Sixtine à Rome, en Italie, en s'inspirant des scènes de la Bible. Il lui a fallu quatre ans pour peindre le plafond. *Le Jugement dernier*, une fresque qui orne le mur arrière de la chapelle, lui a demandé cinq ans de travail. On lui doit aussi la sculpture en marbre d'un *David*, dont l'original est à Florence, en Italie.

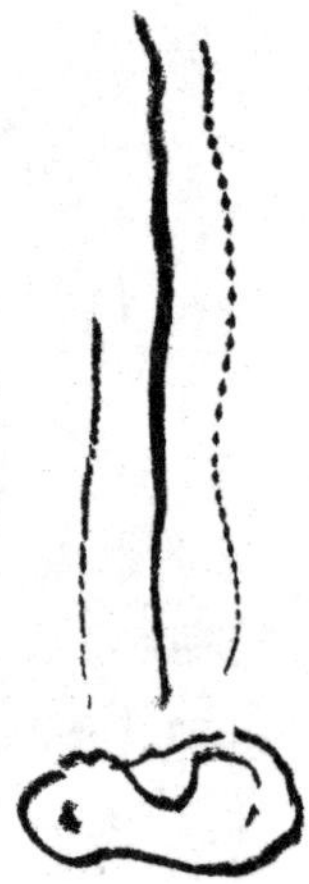

Aujourd'hui, Van Gogh est surtout connu pour être le peintre qui s'est tranché l'oreille. Il ne semble pas qu'il ait vendu beaucoup de toiles dans sa vie. Maintenant, ses tableaux se négocient à des millions de dollars.

Picasso est un peintre espagnol qui a changé notre façon de voir le monde. La plupart de ses nombreuses épouses et maîtresses ont posé pour lui. L'un de ses tableaux les plus saisissants est **Guernica**, du nom de la ville espagnole bombardée pendant la guerre civile dans les années 1930.

Vous connaissez la pop music ? Sachez qu'Andy Warhol était un artiste pop. Il est célèbre pour ses tableaux qui représentent des boîtes de soupe Campbell et ses sérigraphies en couleur de Marilyn Monroe.

Johan Wolfgang von Goethe (1749-1832) était un poète allemand, un romancier et un dramaturge. Parmi ses poèmes les plus célèbres, citons *Prométhée*, **dont le propos est que les humains ne doivent pas croire en des dieux, mais seulement en eux-mêmes.**

William Shakespeare, James Joyce, Ernest Hemingway, George Orwell, Thomas Mann, Franz Kafka, Anton Tchekhov, Léon Tolstoï, Samuel Beckett, Jean-Paul Sartre, Albert Camus, Charlotte Brontë, Jane Austen et Gertrude Stein sont tous des écrivains célèbres.

Katherine Mansfield est connue pour ses nouvelles (*La Garden Party*, *La Maison des poupées*). Née en Nouvelle-Zélande, elle passa sa vie d'adulte en Europe, surtout en Angleterre, où elle côtoya des écrivains comme David Herbert Lawrence et Virginia Woolf.

Trucs pour impressionner la famille

L'endroit le plus humide au monde est Meghalaya, en Inde du Nord, où la chute de pluie annuelle est de plus de 11 000 mm/an. Au Mount Waialeale, à Hawaii, il pleut en moyenne trois cent cinquante neuf jours par an.

L'endroit le plus sec au monde est le désert d'Atacama, au Chili, en Amérique du Sud, où les précipitations annuelles moyennes avoisinent 0,5 mm.

L'océan Pacifique est l'océan le plus profond du globe. Dix mille neuf cent vingt quatre mètres à son point le plus bas. Il est également plus vaste que toutes les surfaces terrestres réunies.

Le plus grand désert du monde est le Sahara.
Il couvre plus d'un quart de l'Afrique.

Et il progresse !

On pourrait considérer que l'Antarctique est le plus grand désert – sa surface est effectivement plus étendue que celle du Sahara –, mais c'est un désert froid. Une calotte de glace.

Le lac le plus profond du monde est le lac Baïkal en Sibérie. Il contient 20 % de l'eau douce non gelée de la Terre.

Vous êtes-vous jamais demandé pourquoi les poissons ne s'échouent pas sur les plages ? Tout simplement parce qu'ils peuvent sentir les marées et les courants, et savent donc quand il est temps de s'éloigner des rives d'un coup de nageoire.

Un marché aux puces ne vend aucune puce. C'est un marché de rues qui vend des produits d'occasion.

Lorsqu'on est hypnotisé, on n'est pas vraiment endormi. Pendant toute la séance, on a conscience de tout ce qui se passe. C'est comme de l'imagination poussée à l'extrême. Lire un livre ou regarder un film et rentrer complètement dans l'histoire ; rire tout fort, pleurer ou avoir peur, alors qu'on sait bien que ce n'est pas pour de vrai.

La première tondeuse à gazon a été inventée en 1830. Le British Landmower Museum (musée anglais de la Tondeuse à gazon) est à Lancashire, en Grande-Bretagne. On remarque, parmi les objets exposés, les tondeuses à gazon qui appartenaient au prince Charles et à la princesse Diana, une tondeuse à gazon de 5,8 cm, et les tondeuses que l'on utilisait sous le règne de la reine Victoria.

Tondeuse à gazon d'avant 1830.

L'herbe a inspiré l'un des vers les plus célèbres : « J'ai foi qu'une feuille d'herbe n'est rien moins que la corvée des étoiles. » Il est tiré de *Feuilles d'herbes*, de Walt Whitman, le recueil de poésie contenant vraisemblablement le mot « herbe » dans le titre le plus célèbre.

Les premiers boutons pour vêtements étaient fabriqués à partir de coquillages et d'os. Les plus anciens remontent à 3 000 ans avant Jésus-Christ. Ce sont les Grecs et les Romains qui ont pensé à faire des boucles pour y passer les boutons. Mais la boutonnière n'apparaît pas avant le XVIIIe siècle. À cette époque, les boutons étaient un luxe et un signe extérieur de richesse.
Au XVIIe siècle, les puritains décrétèrent que le port de boutons était un péché, parce qu'ils étaient trop ostentatoires.

Le tuatara (ou sphénodon) ressemble à un lézard, mais n'en n'est pas un, et ne vit qu'en Nouvelle-Zélande. Il fait partie d'un groupe de reptiles qui existe depuis deux cent millions d'années. Il vivait déjà à l'époque des dinosaures et il possède trois yeux. Son troisième œil, au milieu du front, est recouvert d'une écaille transparente. Quand les tuataras sont jeunes, ils peuvent distinguer la lumière de l'obscurité avec leur œil supplémentaire. Mais dès qu'ils grandissent, leurs écailles et la peau le recouvrent.

nourriture bizarre que certains individus dégustent avec ravissement

Cervelle de singe et pénis de taureau (Asie), pieds de chameau (Maroc), huîtres de montagne, testicules de moutons (Nouvelle-Zélande), et crevettes ivres qui nagent dans un bol de vin rouge (Japon).

Le sang chaud des tortues se boit avec du whisky en Corée. Certains Chinois mangent les mains des gorilles, ce qui est illégal.

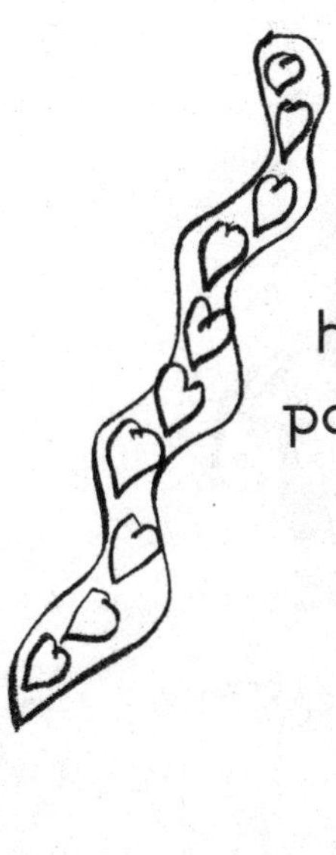

Le cœur d'une baleine bleue fait la taille d'une petite voiture et pèse autant que huit humains adultes. Un ver de terre possède dix cœurs.

Les tarentules vivent jusqu'à vingt ans.

Le dipneuste peut survivre pendant quatre ans sans nourriture ni eau. Une résistance qu'il acquiert au fil des années pour que les déserts chauds et secs où il survit soient soutenables. Pendant la saison sèche, il s'enterre dans le sol et se recouvre de mucus pour conserver le maximum d'humidité. Parfois, il remonte prendre un peu d'air. On pourrait surnommer ce processus « l'estivation ». Comme l'hibernation, mais à l'envers !

Pêche du dipneuste dans le désert.

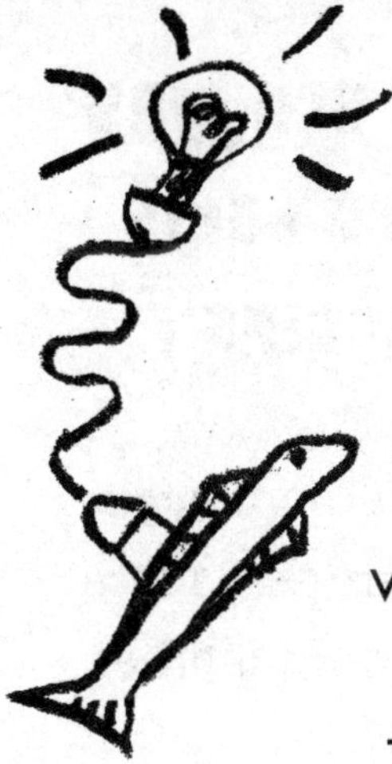

L'anguille électrique n'est pas vraiment une anguille. C'est juste un long poisson électrique (il envoie des décharges de quatre cents volts). Les anguilles électriques d'Amérique du Sud peuvent faire tomber un cheval à trois mètres.

L'***Homo sapiens*** (homme moderne primitif) apparaît sur terre il y a deux cent mille ans. On a découvert en Afrique des fossiles d'***Homo sapiens*** datés de cent soixante mille ans. Mais les cafards existent depuis environ trois cent millions d'années.

Les chiffres suivants composent la suite de Fibonacci :
1, 1, 2, 3, 5, 8, 13, 21, 34, 55, 89...
Calculez la séquence : (1+2=3, 2+3=5, 5+8=13, 8+13+21, 13+21=34, 21+34=55, 34+55=89).
Les fleurs ont toujours un nombre de pétales Fibonacci, et les graines des tournesols sont disposées selon la séquence Fibonacci.

Savez-vous comment les groupes pop choisissent leurs noms ; quelques exemples instructifs :

The Pogues (1982-1996), originellement ***pogue mahone***, mot irlandais pour ***pog mo thoin***, c'est-à-dire ***kiss my ass***. Traduction à débattre entre amis intimes.

Police (1977-1986) : le batteur du groupe était le fils d'un officier de la CIA.

UB40 (depuis 1978...) UB40 est le numéro d'un formulaire d'ANPE anglais.

Les Rolling Stones ont trouvé leur nom dans la chanson de Muddy Waters *Rollin' Stone*.

Oasis a pris le nom d'un centre sportif à Swindon, en Angleterre.

Limp Bizkit : il semblerait que le leader avait un chien dénommé Bizkit qui boitait beaucoup.

The Doors : Jim Morrison et l'organiste Ray Manzarek ont baptisé le groupe d'après le livre d'Aldous Huxley, *Les Portes de la perception*.

Foo Fighters : une expression argotique utilisée pendant la Seconde Guerre mondiale par les pilotes américains pour décrire les boules de feu au look d'alien qu'ils voyaient au-dessus de l'Allemagne.

REM : nom d'un état de sommeil appelé *Rapid eye movement* (« Mouvement rapide des yeux »). C'est le moment où on rêve.

Pourquoi les mains se fripent-elles quand on les trempe dans l'eau ?

Le bout des doigts et des orteils est recouvert d'une peau extrêmement épaisse. Lorsqu'on l'immerge pendant longtemps, elle absorbe l'eau, et la peau se dilate. Mais comme il n'y a pas d'espace pour qu'elle puisse s'étaler, elle se contracte et se fripe.

Pourquoi l'herbe est-elle verte, le ciel bleu et les roses rouges ?

L'herbe est verte parce qu'elle contient de la chlorophylle, une substance de couleur verte. Le ciel est bleu à cause des milliards de particules dans l'air qui réfléchissent la lumière du soleil et qui font apparaître le ciel bleu. Les roses sont rouges parce qu'elles sont futées : elles attirent ainsi les abeilles pour qu'elles viennent butiner leur pollen.

Comment fonctionne une ampoule électrique ?

Facile. Elle contient un fil en tungstène qui devient incandescent lorsqu'on le chauffe. Le fil ou filament doit être en tungstène pour supporter les températures élevées. Quand l'ampoule ne fonctionne plus, c'est parce que le filament s'est lentement dissous.

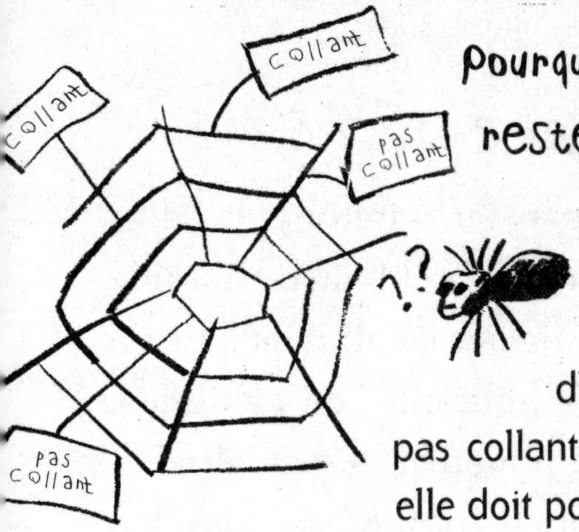

Pourquoi les araignées ne restent-elles pas collées dans leurs toiles ?

Parce que toutes les parties d'une toile d'araignée ne sont pas collantes et que l'araignée sait où elle doit poser ses pattes.

Les chauves-souris vivent dans les grottes parce que ce sont des êtres nocturnes. C'est-à-dire qu'elles dorment pendant la journée et sont actives la nuit. Elles ont besoin d'un lieu obscur pour se reposer le jour. Rien de mieux qu'une grotte.

Quand le rouge monte aux joues, c'est le sang qui afflue au visage, juste pour signaler à tout le monde : « Au fait ! Je suis très gêné. »

crachat, glaviot...

Pourquoi doit-on cracher ?

Appelons la chose par son vrai nom : la salive. La salive est nécessaire pour garder la bouche humide. Elle permet d'avaler et de digérer les aliments. Et elle active les papilles du goût pour que l'on identifie la nourriture. L'homme produit environ deux litres de salive par jour. En Tanzanie, la tribu Masai considère le fait de cracher comme un signe de bonne volonté. Les Masai crachent sur les nouveau-nés pour qu'ils aient de la chance dans la vie.

Pourquoi les larmes sont-elles salées ?

Parce que les yeux sont couverts de vitré, une gelée transparente salée située derrière le cristallin et qui occupe tout l'intérieur de l'œil. Son rôle est protecteur. Les larmes sont un épanchement de cette substance. Au fait, le sel ne change pas le goût des aliments. Il rend juste les glandes gustatives plus sensibles.

Nous avons des cils pour nous protéger les yeux. Les chameaux sont dotés de très longs cils parce qu'ils doivent affronter les tempêtes de sable dans le désert.

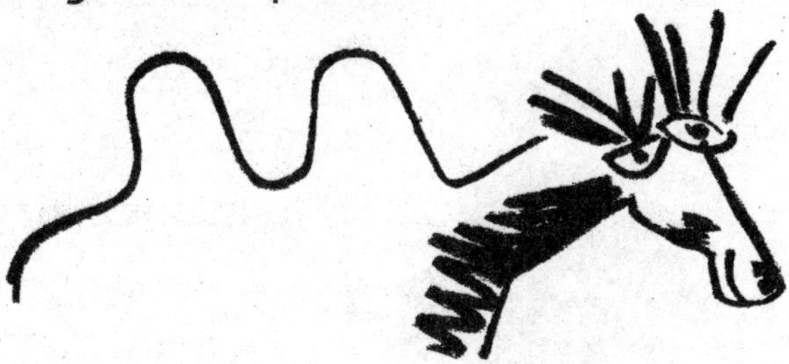

Pourquoi avons-nous des taches de rousseur ?

En fait, il y a tout bêtement des zones du corps qui bronzent plus facilement que d'autres.

Les cheveux poussent de quinze centimètres par an. Et ils continuent même de pousser après la mort. Les cheveux des momies égyptiennes sont souvent longs de plusieurs mètres.

On peut faire des cordes avec les morts.

Et les moustaches, alors ?

Quel intérêt d'en porter, à votre avis ? La gent masculine a toujours du poil sur le visage parce qu'à l'époque préhistorique les humains étaient recouverts de poils pour avoir chaud. Les poils sur le visage sont l'un des souvenirs de ces âges farouches.

Pourquoi clignons-nous des yeux ?

C'est inné. Quand on cligne des yeux, une pellicule d'eau les nettoie. Pensez à vos cils comme à des essuie-glaces.

Pourquoi ne peut-on pas se chatouiller soi-même ?

Parce qu'il n'y a aucun effet de surprise.

Pourquoi rions-nous ?

C'est juste une façon de se libérer de ses émotions.
Le rire est génétique. Donc, si vous brayez comme un âne, il devrait être facile de reconnaître le parent coupable.

À ce propos, vous devez savoir pourquoi vous ressemblez à vos parents. Chaque personne et chaque animal, du dingo au serpent, en passant par le lion, est composé d'ADN qui contient des instructions sur son apparence. Un perroquet ressemble à un perroquet à cause de son code ADN. Itou pour les éléphants. Vous et moi ressemblons à ce que nous sommes à cause de notre code ADN. Si vos cheveux sont noirs, c'est à cause du code ADN que vous avez hérité de vos parents.

L'ADN est la miraculeuse substance chimique que l'on trouve dans tout organisme vivant. Francis Crick, James Watson et Maurice Wilkins (un Néo-Zélandais) sont les scientifiques qui ont compris son fonctionnement en 1953. Les recherches ont été effectuées en Angleterre.

L'ADN est un code pour construire, faire fonctionner et reproduire une plante, un animal, un humain ou un microbe.

Pourquoi ne vit-on pas jusqu'à deux cents ans ?

Le corps, comme les voitures, vieillit. Jeanne Calment, une Française, a vécu cent vingt-deux ans. Elle était née avant l'invention du premier avion et a vécu assez longtemps pour voir les photos du premier homme poser le pied sur la lune et les premières images récoltées sur la planète Mars.

Pourquoi ne voit-on pas la nuit ?

La rétine ne laisse filtrer qu'une certaine quantité de lumière ,donc, quand il fait noir, aucune image n'est envoyée au cerveau.

Il y a des histoires à propos de dauphins qui sauvent des marins naufragés en les pilotant jusqu'à la côte. Et les chats ? Les chats ont-ils jamais fait quelque chose d'héroïque au cours de l'histoire ? Il y a bien une anecdote. En 1483, Sir Henry Wyatt fut capturé et mis en prison par le roi Richard III. Affamé, il a apprivoisé un chat de gouttière qui lui rapportait des pigeons, ce qui lui permit de tenir le coup jusqu'à sa libération.

Pourquoi les chats ont-ils des moustaches ?

Les moustaches sont des outils sensoriels. Elles envoient des messages au cerveau du chat comme les vaisseaux extraterrestres envoient leurs messages sur la Terre. Elles l'aident à se déplacer rapidement dans l'obscurité. Les moustaches peuvent aussi repérer le mouvement de plus petits animaux, comme les souris.

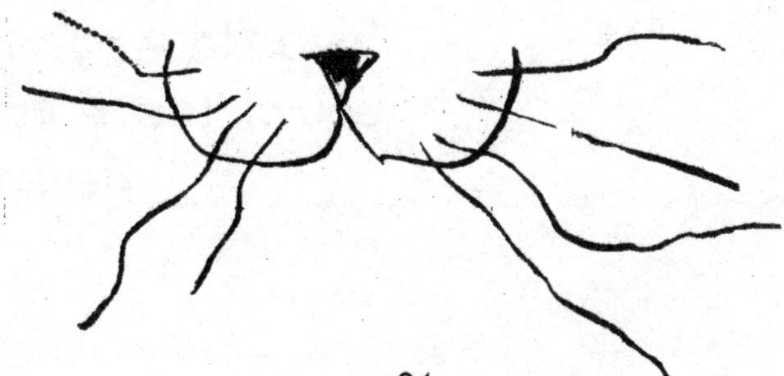

comment se fait-il que les chiens doivent être baignés et pas les chats ?

Les chiens peuvent se rouler dans la poussière toute la journée, adorer ça et rester tels quels. Les chats aiment se laver. Ils se servent de leur langue râpeuse pour nettoyer leur fourrure. Leurs langues extirpent les poils morts et retirent la saleté et la poussière.

Pourquoi diable les poules n'écrasent-elles pas leurs œufs quand elles s'assoient dessus ?

Il y a un truc. Elles ne s'assoient pas véritablement sur les œufs mais juste derrière et gonflent les plumes de leur poitrine pour couvrir les œufs placés devant elles.

QUELQUES ANIMAUX DANGEREUX À SURVEILLER DE PRÈS

(La plupart d'entre eux vivent en Afrique et en Australie.)

Le poisson-pierre de l'île Maurice possède le poison le plus venimeux du monde. Il ressemble à une pierre et a une horrible colonne vertébrale. Marcher dessus peut être fatal.

La redoutable méduse boîte (*box-jellyfish* en anglais) vit au large de la côte du nord de l'Australie. C'est la créature marine la plus venimeuse du monde. On peut mourir en quelques minutes si on touche ses tentacules, qui font parfois plus de deux mètres de long.

La Funnel Web Spider, une espèce d'araignée particulièrement agressive qui mord si fort qu'elle peut traverser le doigt et l'ongle, réside dans les forêts tropicales du nord du Queensland et du Sud en Australie. On l'aurait aussi repérée dans certaines maisons au royaume d'Oz.

Il y a des piranhas qui peuvent dévorer un cheval en quelques minutes, mais ce que beaucoup ignorent, c'est que la plupart des piranhas sont végétariens.

Plus de deux millions de personnes sont mordues par des serpents chaque année, et plus de cinquante mille d'entre elles en meurent. Le serpent qui attaque le plus facilement est le cobra asiatique, mais ce n'est pas le plus venimeux.

Les éléphants sont généralement de gentils géants, mais si les hommes les embêtent, ils peuvent rentrer dans une rage aveugle et tout piétiner sur leur passage.

Le grand requin blanc n'est pas le plus grand requin, mais il est sans aucun doute le plus coléreux.

Le buffle du Cap ne mange pas les hommes (c'est un herbivore), mais il les considère comme une menace et les charge en courant, toutes cornes en avant. Sachant qu'elles sont grandes...

Il y a peu de sortes de crocodiles, mais le plus dangereux est sans conteste le crocodile d'eau salée australien.

Les musaraignes sont de toutes petites souris avec de longs nez. Beaucoup d'entre elles meurent de vieillesse à tout juste un an.

Les musaraignes sont aussi les petits animaux les plus teigneux et affamés du monde. Elles passent leur temps à tuer et à manger leurs proies. Souvent, elles mangent l'équivalent de leur propre poids en trois heures, et un seul jour de jeûne peut les tuer. Leur bave est un poison, assez similaire au venin du cobra, mais comme elles sont minuscules elles ne tuent que d'autres petites créatures comme les souris et les grenouilles. Leur cœur bat à mille pulsations par minute.

Les abeilles tueuses sont le résultat d'une expérience qui a mal tourné. Dans les années 1950, des scientifiques brésiliens ont essayé de créer un nouveau type d'abeilles productrices de miel. Malheureusement, les nouvelles abeilles se sont échappées et se sont métissées avec les abeilles à miel sauvages autochtones. Leurs dards ne sont pas aussi puissants que ceux des abeilles ordinaires, mais elles se déplacent en essaims et s'énervent pour un rien. Les abeilles tueuses peuvent pourchasser leur proie sur plus de trois cents mètres, avant de l'attaquer sans interruption pendant dix heures d'affilée.

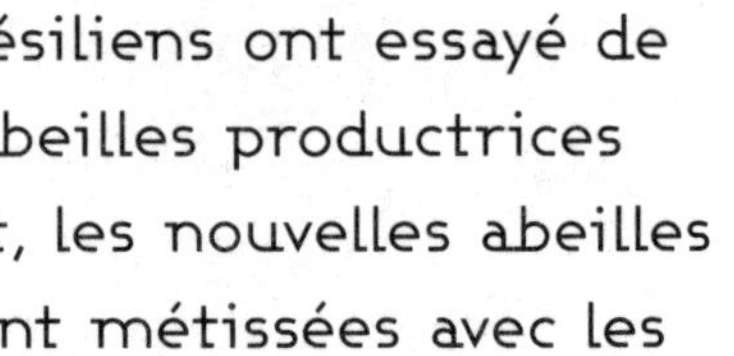

Certaines plantes sont carnivores. C'est vrai ! Il en existe plus de six mille espèces. Elles consomment généralement des insectes, mais peuvent parfois manger des petits poissons et même de petits rongeurs, des oiseaux et des grenouilles. Certes, elles choisissent leurs victimes parmi les malades ou les mourants pour s'offrir des cibles plus faciles.

Il était une fois un homme qui avait une mycose au pied (une maladie due à un champignon), et il a donné des morceaux de son pied en putréfaction à sa Venus Fly Trap préférée (un type de plante carnivore) qui a tout mangé.

Une autre plante intéressante : la plante Katemfe, qui pousse en Afrique, est six mille cent cinquante fois plus sucrée que le sucre. Son nom latin : *Thaumatococcus daniellii*.

Un cochon d'Inde géant vivait en Amérique du Sud il y a environ huit millions d'années. Il était grand comme une vache et pesait une tonne.

Saviez-vous que la température détermine le sexe de certains animaux ?

Prenez les tortues. Quand la mère est prête à pondre, elle nage jusqu'à la rive et creuse un grand trou dans le sable pour y déposer ses œufs. Avant que les œufs ne soient ensevelis, personne ne sait si ce sont des œufs filles ou garçons. C'est là que la température entre en ligne de compte.

La température ambiante doit se situer en tout et pour tout entre 26 et 34 °C pour que les œufs éclosent . S'il fait plus chaud, les œufs donneront des tortues filles, s'il fait plus froid ce seront des garçons. Et si la température se situe dans la fourchette, un nombre équivalent de filles et de garçons naîtront.

La température a un effet similaire sur les œufs d'alligators. Mais c'est l'inverse qui se produit : plus de filles alligators s'il fait froid et vice versa. En réalité, les alligators peuvent choisir s'ils veulent des filles ou non. Si la mère opte pour les filles, elle déposera ses œufs au fond du marais, là où il fait le plus froid et le plus humide. Si elle préfère les garçons, elle pondra dans un endroit chaud et agréable.

Certains animaux peuvent être mâle ou femelle. La girelle à tête bleue se déplace en bancs composés de femelles menées par un seul mâle. Mais quand le mâle meurt ou qu'il est mangé, la plus forte des femelles se métamorphose lentement en mâle. Le processus prend environ une semaine. Après qu'elle est devenue un mâle, toutes les autres femelles du banc ont oublié ce qui s'est passé auparavant.

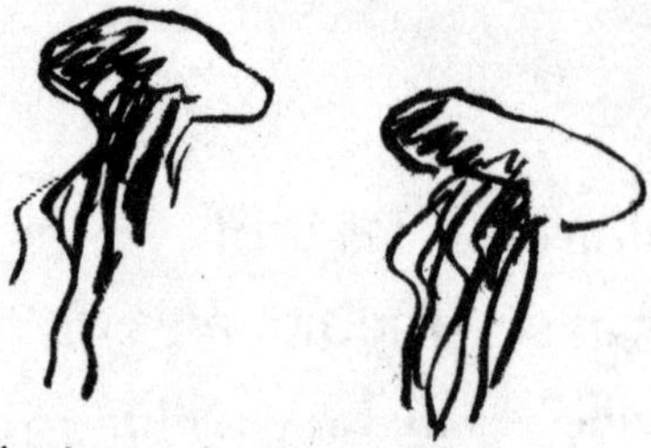

Mais qui pourrait dire la différence ?

Les vers, les escargots et certains animaux marins comme les méduses et les seiches peuvent changer de sexe et devenir mâle ou femelle selon leur envie. Ils sont hermaphrodites.

Hippies…

Les communautés étaient à la mode dans les années 1960, quand les jeunes ont essayé d'inventer une nouvelle façon de vivre. Plusieurs familles partageaient la même maison ou propriété. Ce pouvait être aussi un groupe de célibataires ou de couples qui vivaient ensemble en autarcie et faisaient pousser leurs propres fruits et légumes.

Le tisserin vit en Afrique du Sud. Parfois, il construit un nid de deux à trois mètres de haut et le partage avec cent autres familles de tisserins.

D'autres inventions intéressantes

Le cahier scolaire le plus ancien remonte à environ 3 500 ans avant Jésus-Christ et provient de la cité sumérienne d'Erech. Il se présente sous forme de plusieurs centaines de tablettes d'argile gravées de listes de mots à étudier et à mémoriser.

Le braille fut inventé en 1824 par un adolescent de quinze ans appelé Louis Braille, qui était aveugle depuis ses trois ans.

Le premier livre imprimé fut la Bible de Gutenberg. Elle fut publiée en Allemagne en 1454. Seuls trois cents exemplaires furent tirés. Le système consistait à utiliser des caractères métalliques mobiles, fondus dans une matrice en creux et reproductibles à volonté. Jusqu'à cette date, les manuscrits étaient copiés à la main, souvent par des moines. Il existe encore aujourd'hui quarante-cinq exemplaires originaux de cet ouvrage.

Selon certaines sources, le premier quotidien a vu le jour en Allemagne en 1615. C'était le *Frankfurter Zeitung*. Mais les avis divergent. Si l'on en croit certains, le premier quotidien serait le *Nieuve Tijdinghe*, un journal hollandais né en 1605. On peut aussi remonter plus tôt. L'*Acta Diurna* était publié tous les jours à Rome autour de 59 avant Jésus-Christ. Il colportait les informations habituelles sur le sport et les nouvelles judicaires locales. Les Chinois éditaient aussi une circulaire du tribunal imprimée à la main au cours du VIIe siècle de la dynastie Tang.

Les premiers crayons ?

un doigt trempé dans le jus d'une baie ou dans un peu de sang. Si, si, c'est ainsi que dans la préhistoire les hommes traçaient les symboles qui représentaient leur quotidien sur les murs des grottes où ils vivaient.

Après le doigt vint la brindille. Le premier instrument comparable à un crayon a fait son apparition à peu près au même moment que la première forme d'écriture. Les preuves de la concomitance des deux événements remontent à 3 000 ans avant Jésus-Christ et ont été découvertes à Sumer. Les scribes sumériens utilisaient aussi des brindilles pointues pour graver des tablettes d'argile humides qu'ils faisaient ensuite cuire dans des fours. Les premiers véritables stylos naquirent en Égypte, entre 3000 et 2800 avant Jésus-Christ. C'étaient des roseaux creux, appelés stylets, qui pouvaient contenir du liquide coloré.

Le stylo à bille métallique fut lancé en Angleterre en 1780.

Le stylo à encre fut baptisé ainsi parce que l'encre coulait continuellement.

Le stylo à bille fut inventé par John Loud, en Amérique, en 1888. La bille contenait une microbille rotative qui répartissait l'encre de façon régulière.

On doit à Laszlo Biro, un Hongrois qui vivait en Argentine pendant la Seconde Guerre mondiale, la modernisation du stylo à bille dit « BIRO ».

La découverte du crayon ? Dans les années 1500, de nombreux arbres furent déracinés par une tempête, en Angleterre. Dans les excavations, on découvrit une substance qu'à l'époque on prit pour du plomb. Deux cents ans plus tard, on réalisa qu'il s'agissait en réalité d'une forme de carbone. On lui donna le nom de graphite, en s'inspirant du mot grec *graphein,* signifiant « écrire ». Le premier crayon fut un morceau de graphite entouré de peau de mouton. L'étape suivante constitua un événement majeur dans le développement du crayon. Un bâton de cèdre fut creusé, et on glissa un morceau de graphite dans le trou. L'étape suivante consista à creuser une cannelure dans du bois, à y insérer le graphite et à recoller dessus une section égale de bois. À cette époque, la mine des crayons était un mélange de graphite moulu et d'argile mélangée avec de l'eau. Le tout, pressé ensemble à haute température, produisait de fines baguettes.

L'apparition de la gomme est assez récente. Il y a cent ans, certains professeurs pensaient que les gommes n'auraient pour seul effet que d'encourager les enfants à faire des fautes.

Aujourd'hui, quatorze milliards de crayons sont produits dans le monde chaque année, assez pour faire soixante-deux fois le tour du globe si on les met bout à bout.

L'invention qui a sauvé le plus de vies ? Probablement la pénicilline. Elle a épargné des millions de vies....

Mais on peut penser aussi au verre courbe qu'on appelle lentille !

Sans lentille, il n'y aurait pas de microscope, et donc aucun moyen d'étudier les bactéries qui ont tué des millions de gens sur la planète.

La photographie n'aurait pas été inventée sans la découverte de la lentille. Des millions de personnes ne pourraient pas lire, parce qu'elles ne distingueraient pas les lettres sans lunettes.

Rares sont ceux qui savent qui a inventé les lunettes. Plus de gens connaissent les marques de lunettes de soleil que le nom de Salvino d'Armato. C'est pourtant l'Italien qui a inventé les lunettes vers 1285.

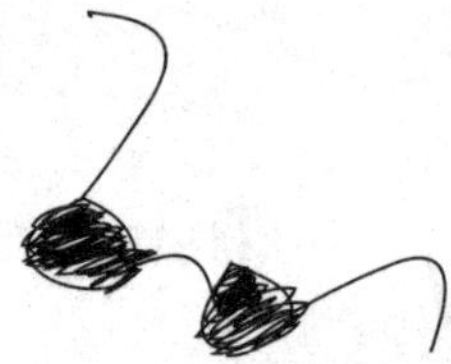

C'est dingue, le nombre de choses qui ont été découvertes par accident.

Hans Lippershey, un Allemand dont le métier était de faire des lunettes, a découvert le pouvoir grossissant de deux lentilles en les posant accidentellement l'une contre l'autre. Sa fenêtre donnait sur le clocher d'une église éloignée. L'effet des deux lentilles conjuguées a rapproché sensiblement le clocher. Ce qui a lancé une série d'expériences qui ont conduit à la mise au point du télescope.

Il est temps de se pencher sur Galilée. En 1609, Galilée construisit un télescope incroyablement puissant et le dirigea vers le ciel, la nuit. Pour la première fois, il fut possible de voir les lunes autour de la planète Jupiter et les anneaux qui entourent Saturne. Galilée a adoré observer le Soleil, et un jour, il remarqua dessus de nombreux points noirs. Il les appela « taches solaires » et en conclut qu'il devait y avoir des zones plus fraîches sur cette planète. Il finit par devenir aveugle, une cécité vraisemblablement due au fait d'avoir passé trop de temps à fixer le Soleil.

L'invention du microscope intervint une centaine d'années plus tard, bien que les scientifiques restent incertains de l'identité de son inventeur.

Un autre Italien, Marcello Malpighi, a été le premier homme à voir le réseau sanguin à travers le réseau pulmonaire. Il fut aussi le premier à décrire avec précision le processus de la respiration.

Au fait, *frigidus* est le mot latin pour « froid ». D'où le frigo. Mais comment font les réfrigérateurs pour conserver le lait froid, par exemple ? Dans les réfrigérateurs modernes se trouve une substance qui s'évapore et qui transforme le gaz en liquide, puis à nouveau en gaz, et qui pompe toutes les particules de chaleur contenues dans le lait pour le refroidir.

Qui a inventé le hamburger?

Question ardue, car il n'y a ni monument ni biographies qui immortalisent le fait. Et aucun film n'a été réalisé sur l'inventeur du hamburger. Voilà le peu que nous savons. Le hamburger tire son nom de la ville de Hambourg, en Allemagne, ce qui est quelque peu déroutant pour certaines personnes qui n'ont jamais mangé de hamburger de leur vie. *Ham* signifiant « jambon », en anglais, il paraîtrait logique que le hamburger en contienne. Ce qui n'est pas le cas.

Ce sont les immigrants allemands qui ont introduit le hamburger en Amérique, dans les années 1850. La paternité de cette invention appartient-elle vraiment à une seule personne ? Ou à un groupe de personnes, comme le groupe qui est sensé avoir écrit la Bible ? Aucune certitude sur ce point. Ce qui est sûr, c'est que le hamburger, comme la pizza, est une recette traditionnelle qui s'est transmise de génération en génération.

La première pizzeria s'est ouverte aux États-Unis en 1905.

Pourquoi les bananes s'appellent-elles « les bananes » ? Elles sont nommées d'après un lieu, au Zaïre, en Afrique, où ce fruit pullule.

En quoi sont faits les marshmallows ?

Les marshmallows trouvent leur origine dans un sirop médical extrait de la sève d'une plante : *Althea officinalis*. On mélangeait cette sève à du sucre et des blancs d'œuf. Aujourd'hui, ils se composent de sirop de maïs, de dextrose, de gélatine et d'albumine d'œuf. Fait répugnant : les Américains mangent environ quarante-cinq millions de kilos de marshmallows chaque année. En d'autres termes, environ le même poids que mille deux cent quatre-vingt-six baleines grises.

Voilà ce qui se passe quand on a ingurgité trop de marshmallows.

Les bonbons à la gelée, alias *jellybeans*, sont plus anciens.

On pense qu'ils sont les héritiers du loukoum, une friandise moyen-orientale qui remonte à l'époque biblique. Les loukoums et les *jellybeans* possèdent le même centre un peu mou.

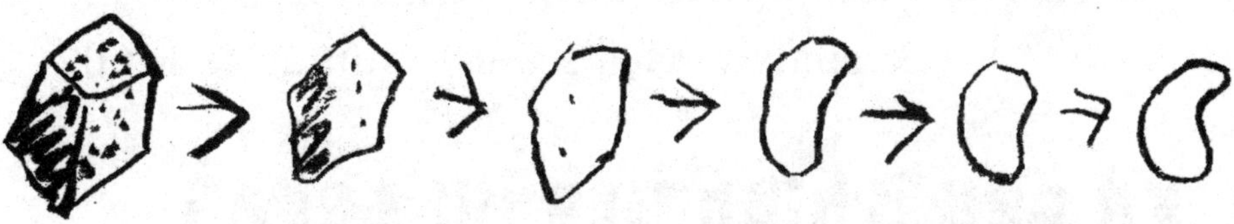

évolution du jellybean à travers l'histoire...

Ce n'est pas un génie unique qui a inventé les biscuits et les cookies. Les historiens de la gastronomie assurent qu'ils ont été inventés par accident. Les premiers boulangers utilisaient de petites quantités de pâte à gâteau pour tester la température de leurs fours avant d'y glisser le gâteau en préparation. En Hollande, ces petits gâteaux tests portaient le doux nom de *koekje*, ce qui signifie « petit gâteau » en hollandais. Si vous prononcez *koekje* à haute voix, le son ressemble à celui du mot cookie. Ce qui n'a rien de surprenant, puisque les Hollandais sont arrivés en Amérique, y introduisant le néerlandais et leurs *koekjes*, autour de 1600.

Un peu d'histoire du soda :

Le Coca-Cola fut inventé en 1886.

Le 7-up en 1929.

Le Pepsi en 1929.

Les sodas furent conditionnés dans des bouteilles en verre jusqu'à l'introduction des canettes en aluminium en 1960.

Qui a inventé le chewing-gum ?

Les peuples vivant autour des côtes de la Méditerranée avaient l'habitude de mâcher la sève et la gomme qui ruisselait des arbres, parce que ça avait bon goût et parce que ça leur donnait bonne haleine. En Grèce et dans le Moyen-Orient, on a mâché de la gomme de mastic pendant des siècles. Il s'agit d'une résine récoltée sur l'écorce de l'arbre à mastic (ou lentisque). Elle adoucit l'haleine et nettoie les dents.

Jusqu'à la Seconde Guerre mondiale, la base du chewing-gum se composait d'un mélange de gommes et de résines naturelles, dont le chicle, auquel on ajoutait des saveurs. Le chicle, une gomme extraite du sapotillier, est un genre de caoutchouc, ce qui revenait un peu à mâcher un bout de botte. Après la Seconde Guerre mondiale, les scientifiques ont trouvé un moyen de créer une base de gomme sans chicle.

La nécessité de mâcher se manifeste apparemment dès l'allaitement. Puis, en grandissant, on peut choisir de mâchonner une herbe ou une paille. Il y a quelques dates clés pour le chewing-gum. En 1893, William Wrigley offrit au monde les saveurs de fruits et de menthe. En 1928, le bubble-gum moderne débarqua sur le marché. Dans les années 1930, les cartes de base-ball étaient remises avec des paquets de chewing-gums.

Le chewing-gum sans sucre fut lancé dans les années 1950. Le 19 juillet 1994, Susan Williams, native de Fresno, en Californie, souffla la plus grande bulle de chewing-gum au monde : un diamètre de 58,42 cm.

Astuce en cas de pépin : pour retirer du chewing-gum collé dans les cheveux, frottez la mèche avec du beurre de cacahouète.

Info tordue : il est illégal d'importer, de manufacturer ou de vendre du chewing-gum à Singapour.

Guide linguistique international indispensable :

En suédois, chewing-gum se dit ***tuggumi***.

En portugais *pastilka elastica*.

En chinois **leung how chu**.

On retrace les origines de la crème glacée jusqu'au IVe siècle avant Jésus-Christ. Néron, l'empereur romain (54-68 après Jésus-Christ) se faisait rapporter de la glace des montagnes pour la mélanger avec des fruits.

Le roi Tang (618-97 après Jésus-Christ), de Shang, en Chine, a créé une concoction de glace et de lait. Et fait, les historiens supposent que la crème glacée est arrivée en Europe *via* la Chine. Au fil du temps, différentes recettes se sont élaborées. Il est de notoriété publique que la crème glacée a débarqué aux États-Unis dans les années 1700. C'était l'un des desserts préférés de George Washington et de Thomas Jefferson.

Le premier magasin de crèmes glacées ouvrit à New York en 1776.

En 1851, un certain Jacob Fussell, de Baltimore, dans le Maryland, monta la première usine de glace à grande échelle.

En 1897, la cuillère à glace moderne fut conçue par Alfred L. Cralle.

Le cornet comestible fit ses débuts à la St. Louis World Fair en 1904.

Un an auparavant, un Italien installé aux États-Unis avait imaginé une coupe comestible avec anse. Avant l'invention du cornet comestible, on vendait les glaces dans des coupes en papier ou en métal, en Angleterre et en Europe.

Le premier esquimau, l'I-Scream-Bar, fut un succès immédiat. Le premier esquimau nappé de chocolat apparut en 1934 - après qu'un glacier vit un jeune client dans sa boutique hésiter entre une barre de chocolat et un sandwich à la glace. Chris Nelson, le glacier en question, se dit alors : « Et pourquoi ne pas mélanger le tout ? » Le reste appartient à l'Histoire.

À votre avis, pourquoi avoir choisi un nom aussi bizarre que Häagen-Dazs comme marque de crème glacée ? L'histoire est que Reuben Mattus, son fondateur, ait opté pour Häagen-Dazs parce qu'il trouvait que ça sonnait danois.

En allemand, glace se dit **Eiscreme**.
En italien **il gelato**.
En néerlandais **ijsco**.

matière transpirante et puante

Vieilles chaussettes. La raison pour laquelle elles dégagent une odeur putride est liée à la transpiration. La sueur permet au corps de réguler sa température et aussi d'éliminer ses déchets organiques Elle n'est pas seulement composée de sel et d'eau, mais aussi de bactéries. C'est la dégradation de ces bactéries qui provoque ce remugle quand on enlève ses chaussures.

Les pieds sont la partie du corps la plus sujette à la transpiration. Chaque pied contient plus de 250 000 glandes sudorales.

EN UN JOUR, CHAQUE PIED PEUT PRODUIRE PLUS D'UN DEMI-LITRE D'EAU.

Alors pour commencer, pourquoi transpirons-nous ? Pour que tout ça finisse en eau dans nos chaussettes et nos vêtements ?

La sueur permet au corps de se rafraîchir quand l'eau s'évapore, mais comme elle nous débarrasse aussi de nos déchets organiques, elle sent très mauvais quand on la laisse sécher sur la peau. C'est le moment où l'eau et le savon sont sensés entrer en action.

Nous avons environ deux millions six cent mille glandes sudorales dans notre peau. C'est là que la sueur est sécrétée. Il y a deux types de glandes sudorales :

1. Les glandes eccrines (les paumes des mains, la plante des pieds et le front).

2. Les glandes apocrines (aisselles et aine). Ce sont les plus grandes des glandes sudorales qui commencent à fonctionner chez l'enfant à partir de l'âge de dix, onze, douze, treize ou quatorze ans.

Et nous avons aussi un autre genre de glande sudorale qui ressemble à une glande apocrine. Elle est située au creux des oreilles et fabrique le cérumen.
Pratique, non ?
En fait, le cérumen protège nos oreilles de l'entrée intempestive de poussières, peluches et petits insectes.

Trucs pour impressionner votre petit frère ou votre petite sœur

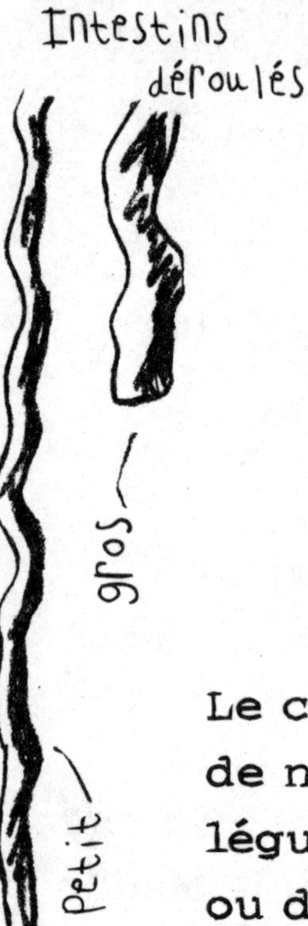

Il arrive qu'on utilise des termes impropres pour décrire des choses qui ne sont pas ce qu'elles prétendent être. Par exemple, le petit intestin mesure six mètres soixante dix de long, alors que le gros intestin ne fait qu'un mètre cinquante.

Le chow mein est un plat chinois de nouilles sautées avec des légumes, de la viande en lanières ou des crevettes.

Le sandwich a été inventé par le cuisinier du quatrième comte de Sandwich. Le comte adorait le jeu. Il aimait tellement ça qu'il refusait de quitter la table pour manger. Un jour, son cuisinier a beurré deux tranches de pain, y a glissé une épaisse tranche de viande et la lui a servie. Abracadabra : naissance du sandwich.

Le club sandwich est le nom adéquat du sandwich à trois étages.

Quelle est l'origine du mot abracadabra ? Celui que les magiciens marmonnent juste avant de sortir un lapin d'un chapeau ? Il date du IIe siècle après Jésus-Christ, et l'on croyait alors qu'il possédait des pouvoirs magiques. Des amulettes sur lesquelles on inscrivait « abracadabra » étaient portées autour du cou pour se protéger de la fièvre.

Abracadabra !

Autre expression étrange :
« Sésame, ouvre-toi ! » Elle surgit dans *Ali Baba et les quarante voleurs*, l'un des contes les plus célèbres des *Mille et Une Nuits*.
Ali Baba se cache dans un arbre, alors qu' une bande de voleurs pénètre dans une grotte secrète en prononçant la formule magique « Sésame, ouvre-toi ! » Quand les voleurs repartent, Ali répète la formule à son tour et entre dans la grotte, où il découvre une montagne de trésors. Il réussit à en sortir une partie, mais son frère Cassim n'a pas autant de chance. Une fois dans la grotte, il oublie la formule magique, et la porte reste close. Il est découvert par les voleurs, qui l'assassinent.

Le mot le plus long en français est « anticonstitutionnellement ». Cet adverbe décrit qu'une situation ou que quelque chose se présente à l'encontre des règles de l'organisation des pouvoirs publics d'un gouvernement.

Le corps humain moyen contient assez de fer pour produire un clou de 7,62 cm, assez de soufre pour tuer toutes les puces sur un chien, assez de carbone pour confectionner 900 crayons, assez de graisse pour composer 7 savonnettes et assez d'eau pour remplir un réservoir de 3,78 L.

Une personne ordinaire possède autant de poils qu'un primate poilu, sauf que son poil est plus court et plus doux.

Chaque cheveu de notre crâne bénéficie d'une durée de vie de trois ans. Les cils ont une durée de vie de cent cinquante jours. Nous battons des paupières toutes les deux à dix secondes. Les bébés ne clignent pas des yeux pendant leurs premiers mois.

Le cerveau humain consomme plus d'énergie que tout autre organe (un cinquième de toute la nourriture que nous ingérons). Soixante-quinze pour cent du cerveau sont composés d'eau.

On surnommait John Von Neumann « le cerveau le plus rapide de l'Ouest ». À quatre ans, il parlait le grec ancien avec son père. À huit ans, il avait mémorisé quarante-quatre énormes livres et pouvait multiplier mentalement huit chiffres par huit. Plus tard, devenu scientifique, il fut le premier homme à avoir relié un écran de télé à un ordinateur.

Tout comme chacun possède des empreintes digitales uniques, nous avons une empreinte de langue unique.

Dix-sept muscles sont mis en branle pour sourire, et quarante-trois pour froncer les sourcils.

Un quidam de base fait plus de mille quatre cent soixante rêves par an.

On meurt avec les mêmes cellules cérébrales que celles avec lesquelles on est né. Toutes les autres, les muscles, les reins, les os, et le sang se régénèrent d'elles-mêmes ou, comme les dents, sont remplacées de temps en temps.

Si la nourriture chemine à travers le petit intestin en deux heures, cela lui prend environ quatorze heures pour traverser le gros intestin. Donc, le temps nécessaire à manger un hamburger et à le faire ressortir de l'autre côté est comparable à un vol Sydney-New York.

Nos yeux gardent la même taille toute notre vie, comme au jour de notre naissance, contrairement au nez et aux oreilles qui continuent de grandir.

L'homme le plus grand du monde s'appelait Robert Pershing Wadlow. Il est né en 1918. À huit ans, il mesurait 187,93 cm et pesait 98 kg. Il devint le plus grand boy-scout, à treize ans tout juste, avec une taille de 2,23 m. Sa croissance finie, il atteignit la taille définitive de 2,71 m. Il pesait 199 kg à sa mort.

Isaac Newton est célèbre pour avoir démontré les lois de la pesanteur universelle et du mouvement des astres. En 1816, l'une de ses dents s'est vendue 730 livres (environ 3 250 dollars américains d'aujourd'hui). C'est un aristocrate anglais qui l'a achetée pour la faire monter en bague.

La boucle de cheveux la plus chère vendue aux enchères appartenait à Elvis Presley. Elle a été cédée par son coiffeur personnel à 115 120 dollars.

« Un cheveu », comme dans « il était à un cheveu de recevoir une balle de golf en pleine tête », mesure très officiellement 2,54 cm.

Les premières routes sont apparues quand les premiers humains ont suivi les traces des animaux. Les Romains anciens ont été les premiers à construire des routes. Ils en ont bâti plus de 85 277 km, qui partent de Rome en éventail.

Kirkpatrick MacMillan, un maréchal-ferrant écossais, a inventé le vélo en 1839. Les premiers vélos s'appelaient des *biclounes*, **littéralement « secoueurs d'os », parce que les pneus en métal vibraient à chaque bosse. En 1876, Archibald Sharp, un inventeur londonien, imagina la roue à rayons. Peu de temps après, John Dunlop commercialisa le pneu rempli d'air.**

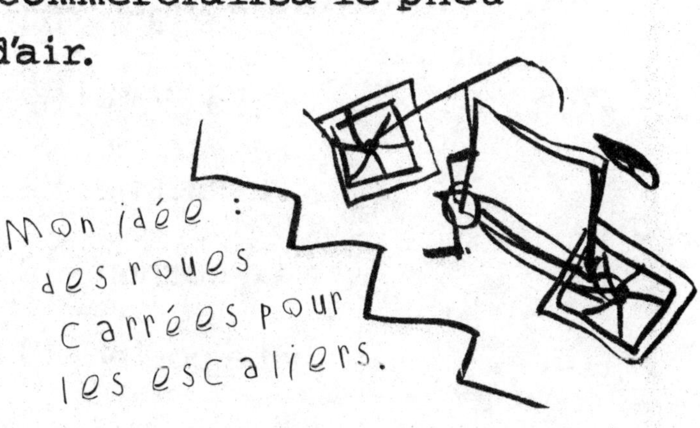

L'animal le plus rapide au monde
est le faucon pèlerin.
Il peut voler à 300 km/h.

Le guépard est
l'animal le plus rapide sur terre. Il pousse des pointes de vitesse jusqu'à 112 km/h pour poursuivre sa proie.

Vérifiez la liste des ramollos du genou.

L'antilope prong horn : 63.

Le lapin : 61.

La girafe : 57.

L'homme : 42.

Le cochon : 18.

Le poulet : 14.

L'animal le plus lent sur terre est le paresseux sud-américain. Il se déplace à une moyenne de 0,1 à 0.16 km/h. Il lui faut une heure pour couvrir une distance de 100 à 160 mètres.

Les paresseux sont si lents que la mousse pousse dessus. Plutôt malin, parce que du coup leurs ennemis principaux, les aigles huppés de Guyane et les jaguars ont beaucoup de mal à les distinguer.

Le squelette d'un oiseau frégate (espèce rare des Seychelles) pèse moins que ses plumes.

Le monde n'est pas une partie de plaisir pour de nombreux animaux. Mais avant de se sentir désolés pour eux, réfléchissons à ce que Voltaire en pensait. Il y a deux choses pour lesquelles les animaux sont enviables, assurait-il : ils ne savent rien de leurs malheurs futurs, et rien de ce que les gens racontent sur leur compte.

Les nounours, en revanche, se la coulent beaucoup plus douce. Ils passent leur temps à paresser au lit, sont très souvent câlinés et n'ont jamais faim.

Le premier nounours fut conçu par le propriétaire d'un magasin de confiseries et sa femme, à New York, autour de 1902.

Morris Mitchom et son épouse en ont eu l'idée après avoir vu un dessin animé où le président américain Teddy Roosevelt, un fusil à la main, refusait de tirer sur un ourson.

Winnie l'ourson, héros des livres de A. A. Milne, est probablement le nounours le plus célèbre au monde. Winnie a toujours les pattes plongées dans un pot de miel. Parfois, il n'est pas très futé, mais il a beaucoup de bons amis comme Tigrou, Petit Gourou, Maître Hibou, Christopher Robin et Porcinet.

L'ours Paddington est un ours plus intelligent. Il a été trouvé à la station de métro Paddington à Londres avec, pour tout bagage, un pot de marmelade à moitié vide, une photo de sa tante Lucie disparue au Pérou, et un petit écriteau autour du cou demandant : « S'il vous plaît, prenez soin de cet ours. » L'auteur des aventures de l'ours Paddington est Michael Bond.

Les ours polaires reniflent l'odeur des carcasses en putréfaction d'un phoque mort à 30 kilomètres de distance. Les chiens peuvent sentir le corps d'une personne immergée à une profondeur de huit mètres sous l'eau.

Ils peuvent manger les autres équipes !

LES CHICAGO BEARS SONT UNE EQUIPE DE LA LIGUE AMERICAINE DE FOOTBALL.

Le hamster est le premier rongeur qui soit devenu un animal d'intérieur familier. Les bébés hamsters naissent après seulement seize jours de gestation.

Les canaris sont des oiseaux nommés en référence aux îles Canaries. Ils sont apparus en Europe après la conquête des îles par les Espagnols, au XVe siècle. Pendant un temps, les Espagnols ont contrôlé la population des canaris en ne vendant que les mâles.
En Angleterre, les mineurs emportaient sous terre un canari avec eux pour prévenir du risque d'explosion ou d'arrivée de gaz mortel. Les émanations toxiques comme le monoxyde de carbone incommodaient rapidement le canari, et quand l'oiseau se sentait mal, les mineurs savaient qu'il fallait déguerpir au plus vite.
Si un bébé moineau est élevé par un canari, il chantera comme un canari.

Certains oiseaux possèdent deux boîtes vocales, ce qui leur permet de chanter deux chansons en même temps. L'étourneau sansonnet, le tui de Nouvelle-Zélande et la pie australienne sont dotés d'un syrinx, un larynx inférieur qui équivaut à posséder deux boîtes vocales. Une particularité qui rend leur chant très difficile à imiter.

Les chats ont toujours mené une vie de patachon. Même aux temps les plus reculés, on les câlinait et les choyait. En Égypte ancienne, une loi interdisait de les blesser ou de les tuer. La mort d'un chat plongeait dans le deuil toute la famille. Parfois, le propriétaire affligé faisait embaumer son chat, l'entourait du lin le plus fin et le déposait dans une boîte à momie en bronze et en bois. Il faut dire que le chat était alors considéré comme un animal sacré, l'incarnation de la déesse Bastet.

En Europe, les chats ont vite été chouchoutés aussi, mais pour des raisons plus triviales. En 948 après Jésus-Christ, un prince a décrété qu'un chaton valait l'équivalent d'un penny avant que ses yeux ne soient ouverts. Après qu'il avait attrapé sa première souris, son prix doublait.

Le premier spectacle de chats a été mis en scène en 1871 au célèbre Crystal Palace à Londres, un bâtiment moderne tout en verre et en fer.

Cats est une comédie musicale célèbre d'Andrew Lloyd Webber (première sur scène en 1981), qui s'inspire des poèmes de T.S. Eliot dans ***Old Possum's Bool of Practical Cats***, écrit en 1939.

Certains chats, donnés pour morts depuis longtemps, ont retrouvé leur chemin jusque chez eux en parcourant une distance de parfois plus de 2 896 kilomètres.

Mais nos plus anciens compagnons sont les chiens. Les scientifiques attestent que les chiens sont des animaux familiers depuis plus de quatorze mille ans - bien avant que quiconque ne se préoccupe des canaris, des poissons rouges et même des chats. Quand on y réfléchit, à l'époque, le monde n'aurait pas été assez confortable pour que les chats y trouvent leur place.

Choses qu'on dit sans savoir pourquoi

On attribue parfois la mauvaise humeur au fait de s'être levé du pied gauche. Référence à une vieille superstition dans laquelle poser le pied gauche par terre en premier quand on se levait du lit apportait le mauvais sort.

« Occupe-toi de tes propres *beeswax* », ta cire. Il y a longtemps, la variole grêlait la peau, et les femmes remplissaient les marques avec de la cire d'abeille. Les jours chauds, la cire fondait. C'était le moment où les voisines bien intentionnées conseillaient à leurs amies d'aller s'occuper de leur cire.

Aujourd'hui, le proverbe est utilisé quand on conseille à quelqu'un de se mêler de ses oignons.

La taule, ou *clink*, est un autre mot pour prison. Il vient de la prison de Clink Street dans le quartier de Southwark, à Londres, dans les années 1700.

En anglais, on dit « dépenser un penny » quand on parle de « pisser un coup ». Une expression qui fait écho à une version primitive de toilettes publiques payantes, qu'on utilisait pour le prix d'un penny.

Pourquoi dit-on qu'on se « sent au plus bas » quand on se sent mal ? C'est un terme nautique qui était utilisé par la marine britannique dans les années 1800. Quand un marin était malade, on le descendait à l'abri sous le pont.

L'éléphant blanc coûte un max et ne sert strictement à rien. À la fin des années 1800, Phinéas T. Barnum, créateur du cirque du même nom, a acheté un éléphant blanc en Inde. Quand l'éléphant est finalement arrivé par bateau aux États-Unis, il s'est révélé qu'il n'était pas blanc, mais couvert de taches roses.

« Ferme-la ! » En voilà une qui date. Elle remonte à l'époque des chevaliers en armures rutilantes, qui portaient des heaumes pour plus de protection. Quand on le fermait, on ne pouvait plus parler.

EN ANGLAIS, VÉRIFIER LA PLOMBERIE SIGNIFIE "ALLER AUX TOILETTES".

Le problème de la poule et de l'œuf décrit une situation dans laquelle il est difficile de déterminer quel élément a provoqué l'autre. Par exemple, qui est venu en premier : la poule ou l'œuf ?

« Assez froid pour geler les couilles d'un singe en cuivre. » *A priori* aucun sens, non ? Eh bien, si ! Sur les navires de guerre, les boulets de canon étaient en fer, et le plateau sur lequel on les stockait était en cuivre. En cas de froid extrême, les deux métaux réagissaient différemment au froid, et les boulets en fer tombaient du *monkey* (de la passerelle).

Parmi d'autres vieilles expressions, citons « tailler le bout de gras » (discuter avec quelqu'un). Les hôtes offraient à leurs invités un morceau de graisse de bacon à mâcher pendant qu'ils se réchauffaient devant l'âtre. Il y a aussi « en siffler un » (étancher sa soif). Dans les vieilles tavernes anglaises, les chopes à bière étaient équipées d'un sifflet pour que les clients se manifestent quand ils voulaient une nouvelle tournée.

Autre expression sortie du pub : *Mind your P's and Q's*. P's and Q's sont les initiales de Pinte (un demi de bière) et de Quart (chope de plus d'un litre de bière). Le consommateur indiquait s'il voulait une pinte ou un quart de bière en levant son coude selon un certain code. S'il ne pouvait payer qu'une pinte, il fallait s'assurer que l'angle du coude n'indique pas un quart. *Mind your P's and Q's* avertit aujourd'hui de faire attention aux détails.

« Et voici la gambas crue » est une mignonne expression australienne utilisée quand quelqu'un essaie de vous abuser, de vous raconter n'importe quoi et globalement de vous prendre pour un imbécile. Elle revêt d'autant plus de sens lorsqu'on considère la difficulté pratique de gober une gambas crue.

« S'en sortir en sentant la rose » signifie se sortir d'une situation délicate en ayant sauvegardé sa réputation.

La carotte et le bâton symbolise la possibilité de deux choix. Si vous bougez, on vous donne la carotte. Si vous ne bougez pas, on vous donne un coup de bâton.

Big Brother est le grand manitou de *1984*, le roman de George Orwell. Il devient dictateur tout puissant de toute la communauté.

Big Ben est la cloche célèbre qui officie dans l'horloge de Westminster située dans les Houses of Parliament à Londres. Elle pèse treize tonnes et demie.

Un monte-en-l'air est un voleur qui entre dans un appartement par la fenêtre en grimpant comme un chat.

Un *catch 22* est une situation inextricable où il n'y a aucun gagnant possible. Quelle que soit l'option choisie, soit vous perdrez, soit vous aurez des ennuis. *Catch 22* est le titre d'un roman de Joseph Heller.

"Du calme !" signifie "reste cool".

Parfois, on tombe sur une date du genre « c. 1823 ». Savez-vous à quoi correspond ce c ? Il signifie *circa*, ce qui veut dire « environ » ou « à peu près ». On l'utilise quand la date exacte est inconnue.

Questions de culture générale

Quel personnage de dessin animé télévisé a dit ces mots :

« Je suis heureux que nous ayons échoué. Ce sera comme les Robinson suisses, en plus vulgaire. On va vivre comme des pachas. De vrais nababs. »

Et ça : « Une partie de ce D moins revient à Dieu. »

Et ça : « Mec, j'aimerais être un adulte pour pouvoir me foutre des règlements. »

La réponse est : notre ami et allié de Springfield, Bart Simpson

Le mot *piss* est l'un des plus utiles de la langue anglaise. La pisse peut exprimer une foule de choses.
Le mot vient du mot français pisser – précisément « décharger de l'urine ».
Or, on utilise ce mot dans de nombreux autres contextes en Grande-Bretagne.

- ***A piss up*** : « une beuverie ».
- ***Piss artist*** ou ***piss head*** pour « un ivrogne ».
- ***Go out on the piss*** veut dire « sortir boire ». Car *piss*, disons-le tout net, est aussi le synonyme d'alcool.
- ***Piss yourself laughing*** signifie « attraper un fou rire inextinguible ».
- ***Not to have a pot to piss*** (« ne pas avoir un pot pour pisser ») veut dire qu'on est vraiment dans la misère.

- ***Piss about*** : « perdre son temps ».
- ***Piss away*** : « gâcher de l'argent ou une opportunité ».
- ***A piece of piss*** : « un truc simplissime ».
- ***Full of piss and wind*** (« plein de pisse et de vent ») : une grande gueule qui ne tient pas ses promesses.
- ***Piss poor*** indique la qualité médiocre d'un objet ou d'une action.
- ***A pisser*** : « une situation ennuyeuse ».
- ***Pissy*** : petit, sans importance, mais « ennuyeux ».

Qui a inventé les sous-vêtements ?

C'est une longue histoire qui nous ramène au début des caleçons longs, mais qui commence avec le simple pagne. On ne se moque pas, s'il vous plaît, car le pagne est toujours porté dans différentes parties du monde, et prisé pour son confort. Pour mémoire, sachez que le pharaon Toutankhamon a été enterré avec 145 pagnes.

Les soutiens-gorge sont bien plus récents. En 1913, Mary Phelps Jacob, une New-Yorkaise, cousit le premier soutien-gorge en reliant deux mouchoirs avec un ruban. Elle commença à en confectionner pour sa famille et ses amies. Un an plus tard, elle obtint la licence de son modèle. Amelia Jenks Bloomer, autre dame astucieuse, inventa la culotte bouffante appelée « bloomer ».

Le caleçon moderne masculin à l'échancrure en Y fut vendu pour la première fois le 19 janvier 1935 à Chicago. L'entreprise Cooper, qui le fabriquait, le baptisa « Jockey », car elle s'était inspirée des suspensoirs (« jockstrap ») d'origine : deux bandes de tissu enserrant les fesses et reliées à une sorte de coque de protection frontale. L'entreprise changea de nom pour prendre celui de Jockey.

Qui a inventé les rollers ?

Un type qui s'appelait Joseph Merlin vint faire admirer son invention du *roller skate* dans un grand bal en Europe. Merlin entra dans la salle de bal en glissant sur ses roulettes tout en jouant du violon. Le détail de trop qui tue : Merlin a perdu le contrôle et est allé s'écraser contre un immense miroir.

Le premier timbre posté en Angleterre était connu sous le nom de Penny Black, parce qu'il est sorti en 1840, quand le public avait le choix entre deux enveloppes à deux tarifs : un « penny black » ou un « two penny blue ».

Les chips ont été inventées grâce à un type qui, dînant au Moon Lake House Hotel à Saratoga Springs, dans l'état de New York, s'est plaint que ses frites étaient trop épaisses. Pari vengeur du chef : lui servir les plus fines tranches de pommes de terre au monde. En 1913, les premières chips se vendaient à Londres, en Angleterre.

Avant Jésus-Christ et après Jésus-Christ.

Des lettres qui apparaissent généralement accolées à des dates, comme 200 avant Jésus-Christ ou 316 après Jésus-Christ. Avant Jésus-Christ signifie avant la naissance du Christ, et après Jésus-Christ, après la naissance de Jésus. Les initiales AD, utilisées en anglais, sont la contraction d'*anno domini*, le terme latin pour dire « dans l'année de notre Seigneur ». Aujourd'hui, de nombreuses personnes préfèrent utiliser l'abréviation AEC, ou « avant l'ère commune », car tout le monde n'est pas chrétien.

Pourquoi appelle-t-on « lune de miel » une lune de miel ?

Cela remonte à l'époque de Babylone, il y a quatre mille ans quand, un mois avant la noce, le père de la promise fournissait à son futur gendre tout l'hydromel que ce dernier réussissait à boire. C'est un alcool à base de miel. Cette période s'appelait le « mois du miel ».

L'univers est grand comment ?

Les objets les plus lointains que les astronomes puissent voir sont les « quasars », distants de quinze millions d'années lumière. Mais ne comptez pas sur moi pour vous dire ce qu'est un quasar.

En revanche, je suis ferré sur le **Big Bang**. C'est le nom donné par les astronomes à l'explosion dont ils pensent qu'elle a créé l'univers. Une explosion énorme. L'univers existait sous la forme d'énergie condensée dans un espace minuscule. En partant de rien, une seconde ou deux après le Big Bang, l'univers atteignait déjà la taille d'une balle de ping-pong.

À l'époque de l'explosion, la température frôlait les dix mille degrés. Dès qu'elle s'est mise à baisser, les atomes se sont formés. Plus tard, ils se sont agglutinés les uns aux autres, et les premières galaxies sont apparues. Les galaxies les plus lointaines sont toujours encore en train de s'éloigner dans l'espace à grande vitesse, ce qui prouve que l'univers est toujours en expansion.

L'âme, qu'est-ce que c'est exactement ?

J'ai dû chercher pour trouver. C'est un peu comme la brume, en plus fin. Selon une source de l'université de Princeton, l'âme est « la part immatérielle d'une personne... »

En anglais, un acte ou une pensée « mauvaise pour l'âme » réfère à ce qui est immoral. C'est cette sensation amère qui vous tombe dessus quand vous faites quelque chose de mal en toute connaissance de cause. Mais il existe aussi des choses qui sont bonnes pour l'âme. Comme plonger dans la mer, ou croquer un carré de chocolat.

La *soul food* est la nourriture traditionnelle des Noirs du sud des États-Unis : le bacon, le gruau de maïs, des aliments très mauvais pour la santé, mais délicieux.

La soul music (d'origine afro-américaine) est une musique faite pour se sentir bien. James Brown est le King of Soul. *Soul Train* est un des plus grands hits de soul de tous les temps.

Soul mate (« l'âme sœur ») est la personne avec laquelle vous vous sentez vraiment au diapason. Vous croyez aux mêmes choses et vous aimez les mêmes choses.

La sole est un poisson, cela signifie aussi la plante des pieds en anglais.

Trucs de sport

Toutes catégories confondues, le ballon est la plus importante avancée dans l'histoire du sport. Dès l'aube des civilisations égyptienne et sumérienne, les premiers habitants jouaient déjà avec un ballon fait de bois léger ou de lanières de cuir cousues ensemble et remplies de cheveux, de plumes et de tissu.

Le premier ballon en caoutchouc connu revient aux Indiens Aztèques. Dès le xve siècle, les voyageurs décrivaient les Indiens qui faisaient « rebondir des ballons ».

Le bowling est l'un des plus anciens sports connus. Parmi les objets trouvés au côté d'un enfant égyptien enterré vers 5200 avant Jésus-Christ étaient déposées un bon nombre d'épingles verticales en pierre. Une pierre ronde était posée au sommet.

La plupart des gens pensent que skier est un sport moderne, alors qu'on a retrouvé des skis, dans des tourbières en Suède et Finlande, vieux de quatre à cinq mille ans. Un relief rupestre gravé en 2000 avant Jésus-Christ et représentant deux hommes à skis a été découvert dans une grotte norvégienne.

Il existe une statuette égyptienne en cuivre représentant une scène de lutte et âgée de plus de 3 000 ans !

Les jeux Olympiques d'Athènes en 1896 sont décrits comme « les premiers jeux Olympiques modernes ». Pourtant, seulement 311 athlètes y ont participé et 230 d'entre eux étaient Grecs. La première médaille d'or est revenue à James B. Connolly, un Américain, pour le triple saut. Il a également remporté la médaille d'argent du saut en hauteur et la médaille de bronze du saut en longueur.

Belles au bois dormant

Pourquoi les hommes, comme la plupart des animaux, ont-ils besoin de dormir ?

Le sommeil donne à l'organisme la possibilité de réparer sa masse musculaire et de remplacer ses cellules mortes. Il permet aussi au cerveau de faire du rangement dans la mémoire et de bien réorganiser les archives mentales.

Les martinets noirs et les frégates ne se posent pas sur le sol pour dormir. Ils dorment en vol.

Parfois, quand on se sent grincheux, c'est juste parce qu'on n'a pas assez dormi. Si on saute deux nuits de sommeil, c'est pire. Impossible de se concentrer. On se trompe tout le temps. Après trois nuits d'insomnie, on ne pense plus clairement.

Les baleines et les dauphins dorment-ils ?

Non, pas vraiment, mais quand même un peu. Les humains n'ont pas besoin de s'arrêter et de réfléchir avant de respirer : ils le font instinctivement. Les baleines et les dauphins sont différents. Pour respirer, ils doivent rester en mouvement. Imaginez le problème s'ils mettaient la moitié de leur cerveau au repos pendant de longues périodes. Mais ils ne sont jamais complètement endormis. Ils font juste parfois de petites pauses uniques en leur genre, purement dauphinesques et baleinesques.

Je ne ronfle pas. Ma mère non plus. Mon père, si. Parfois, il est si bruyant que ma mère doit se relever et aller dormir sur le canapé. Une fois, il a fait vibrer un verre posé sur la table de nuit.

Quand on ronfle, c'est parce que les amygdales, la luette et le voile du palais sont trop volumineux et gênent le passage de l'air dans l'arrière-gorge lorsqu'on respire. Cela entraîne une vibration, et c'est ce qu'on entend.

Idem quand le chien ronfle. Les perruches ondulées ne ronflent pas, ni les serpents, ni les insectes, ni les escargots. Les poissons non plus. Si c'était le cas, j'aurais horreur de dormir à côté, même dans un bocal. Je ne suis pas certain que les éléphants ronflent. La trompe d'un éléphant pèse jusqu'à 140 kg et mesure 2,10 m de long. Une trompe est composée de plus de 40 000 muscles et tendons, et comporte des terminaisons nerveuses tout au bout. Il y a aussi deux petits doigts qui servent à ramasser de petits objets. Alors, si une trompe d'éléphant peut ramasser une biche, ou un bloc de glace, ou un bâton...

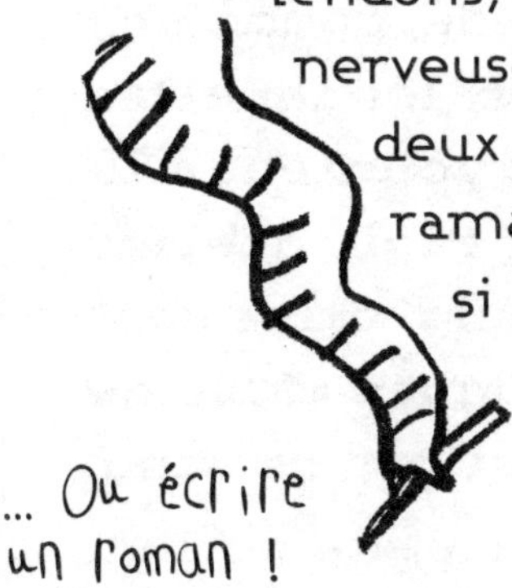

Sujets de conversation qui coupent court à tout dialogue

Une expiration normale atteint une vitesse de 6,43 km/h. Un éternuement fait du 160 km/h.

Où vont les mouches pendant l'hiver ? La plupart d'entre elles meurent, laissant leurs œufs se débrouiller tout seuls. Survive qui peut. Les essaims de mouches cherchent un recoin chaud ou se faufilent dans la fissure d'une maison et quittent leur refuge par un après-midi chaud.

Tous les deux mordent.

Les moustiques sont comme les ours. Ils dorment tout l'hiver. Les moustiques cherchent une cachette humide, comme une cave de maison. Au printemps, les femelles deviennent actives : elles volettent à la recherche de nourriture ! Une fois qu'elles ont pompé leur quota de sang, elles sont prêtes à pondre. Les moustiques mâles ne boivent pas de sang.

Ils vivent de nectar et de pollen.

Que suçotaient les moustiques néo-zélandais et les puces de mer avant que les humains ne les approvisionnent en sang ? Des phoques, des pingouins et des oiseaux.

Débats à lancer pendant un long voyage en car

Pourquoi ça ne fait
pas mal de se couper les cheveux ? Car la seule partie du cheveu qui est vivante est sous la peau du crâne : c'est la raison pour laquelle, à l'inverse, ça fait mal quand on vous tire les cheveux.

Pourquoi a-t-on des sourcils ? Ils protègent de la pluie ou de la transpiration qui, sans eux, rouleraient dans les yeux. Ils nous aident aussi à communiquer de façon non verbale. Le sourcil relevé, par exemple, a deux significations possibles :

1. Salut, ça me fait plaisir de te voir.
2. Sale menteur.

Je ne crois pas un mot de ce que tu dis.

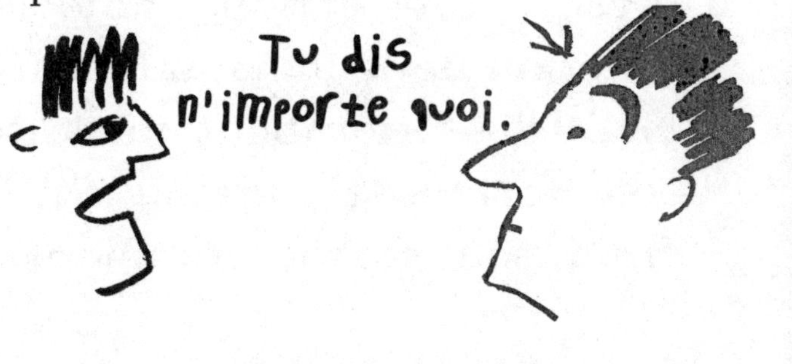

À quelle vitesse poussent les cheveux ?

Environ 0,4 mm par jour, soit une quinzaine de centimètres par an. Les cheveux sur la tête poussent en continu, alors que la croissance des poils sur les bras est programmée pour s'arrêter après quelques mois. Autrement, on serait plus hirsutes que des boucs.

Questions que vos petits frères et sœurs vont vous poser

D'où vient la pluie ?

L'air chaud transforme l'eau des rivières, des lacs et de la mer en vapeur d'eau qui s'élève dans l'air. La vapeur d'eau forme des nuages qui contiennent des petites gouttes d'eau ou des cristaux de glace en fonction de leur hauteur dans le ciel. Elles retombent sur la terre sous forme de pluie ou, s'il fait froid, sous forme de neige.

Si l'Océan est rempli par les gouttes de pluie, donc d'eau douce, pourquoi l'eau de mer est-elle salée ? Parce que l'eau s'évapore sous l'action du soleil. Environ 3,5 % de l'eau de mer est composée de sel.

Ne laissez pas votre chien la boire, bien que généralement il le sache d'instinct. Parfois, les chats boivent l'eau des piscines. Les bourdons aussi, c'est pourquoi on en retrouve en train de flotter à la surface.

Si les hommes boivent de l'eau de mer, ils se déshydratent.

Plus de 70 % de la Terre sont couverts d'eau. 60 % du corps humain sont composés d'eau.

Où la Terre trouve-t-elle son eau ?

Des millions de comètes sont tombées sur la Terre il y a environ 4 600 000 000 d'années. Or, les comètes sont des corps de plus ou moins grande envergure, composés pour trois quarts de glace, principalement de la glace d'eau. Les scientifiques assurent qu'à cette époque les comètes étaient à peine plus volumineuses que de grosses boules de neige.

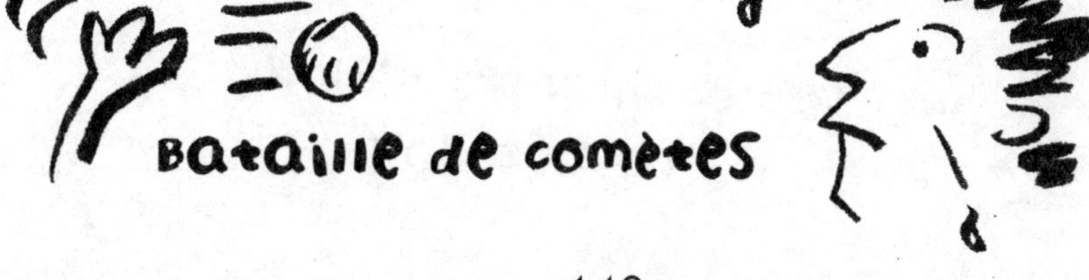

Le réchauffement de la planète n'est autre que l'atmosphère de la Terre qui se réchauffe. Résultat, les calottes glaciaires fondent, et le niveau des eaux monte. Dans l'avenir, de petites îles du Pacifique risquent de plonger sous la surface de l'Océan.

Pourquoi les chiens courent-ils après leurs queues ?

Peut-être parce qu'elles les grattent ou qu'ils veulent en déloger une puce. Ou peut-être qu'ils veulent attirer notre attention. Les scientifiques prétendent qu'il vaut mieux ne pas rire ni faire de commentaire, lorsqu'un chien pourchasse sa queue.

Quelle est la différence entre les chiens et les puces ? Les chiens peuvent avoir des puces, mais les puces ne peuvent pas avoir de chien.

Quel type de chien peut-on manger ?

Le hot dog.

Trucs qu'on a toujours entendus sans se demander pourquoi

Avez-vous remarqué que les jours de la semaine sont nommés d'après les planètes ? Ils font partie des plus vieux mots de la langue anglaise. Par exemple, lundi est le jour de la Lune.

Mardi est le jour de Mars et se dit *tiwes daeg* en anglo-saxon.

Mercredi est le jour de Mercure. *Wodens daeg*, en anglo-saxon.

Jeudi est le jour de Jupiter. Thor est le dieu nordique de l'orage. *Thurs daeg*, en anglo-saxon.

Vendredi, le jour de Vénus, se dit *Frige daeg* en anglo-saxon, d'après Frigga, la déesse nordique de l'amour.

Samedi, ou *Saturn's Day*, le jour de Saturne, se dit *Satern daeg* en anglo-saxon.

Dimanche (du latin *dominicus*, « seigneur ») est considéré comme le jour du Seigneur. En anglais, *Sunday* signifie « le jour du soleil » (*sun*, « soleil »).

Qu'est-ce qui fait lever les gâteaux quand ils cuisent au four ?

On met de la levure dans les gâteaux. Lorsque celle-ci chauffe, son volume double, triple, voire quadruple.

Pourquoi souffle-t-on des bougies le jour de son anniversaire ?

Dans de nombreuses cultures, le feu représente la lumière. Souffler une bougie pourrait symboliser la fin d'une année et la célébration de l'année à venir.

Parce que si on ne le faisait pas, le gâteau prendrait feu !

Pourquoi frissonne-t-on ?

Quand on a trop froid, les muscles se raidissent et se relâchent à un rythme rapide. C'est ce qu'on appelle « trembler ». Les scientifiques assurent que le tremblement est un mécanisme qui réchauffe l'organisme, même si la plupart du temps, quand on frissonne, on se gèle vraiment.

Pourquoi la crème glacée fond-elle ?

Elle redevient liquide quand la chaleur sépare les molécules qui sont agglutinées par le froid. Plus la journée est chaude, plus elle fond vite.

En quoi est la Barbe à papa ?

C'est du sucre fondu, malaxé dans une machine qui forme des fils de sucre.

Qui a inventé les cabanes fortins dans les arbres ?

Le but d'un fortin perché était de rester à bonne distance des animaux dangereux qui ne savent pas grimper.

Où vont tous les déchets ?

Une partie d'entre eux est jetée dans une décharge qu'on appelle parfois « site d'enfouissement de déchets ». Ils se décomposent dans le sol. L'autre partie est brûlée ou lavée dans la mer, bien que ce soit mauvais pour l'environnement.

Quand on fait pipi aux toilettes, ça va où ?

Eh bien, en supposant que vous sortiez à l'instant des toilettes, l'urine voyage le long d'un tuyau d'évacuation et rejoint toutes les urines venues des autres maisons. Ce qui était un filet devient un flot. L'urine voyage jusqu'à une usine de retraitement des eaux où, dans certains pays, elle est purifiée et retourne à la maison *via* le robinet. Donc, vous buvez ce que vous avez uriné, moins les déchets. À Londres, les spécialistes affirment que l'eau est recyclée de cette façon en moyenne six fois. Les Londoniens qui se servent un verre d'eau au robinet boivent ce que d'autres gens ont uriné il y a quelques semaines. C'est une des raisons pour lesquelles l'eau n'a pas le même goût d'une maison à l'autre.

En automne, pourquoi les feuilles tombent-elles ?

Certains arbres ne perdent pas leurs feuilles. Ce sont les arbres à feuilles persistantes. D'autres ont des feuilles dites « caduques ». Quand la température baisse et que la croissance des feuilles est terminée, elles vieillissent, se fragilisent, et leurs queues s'assèchent et tombent. Ce qui donne la possibilité aux nouveaux bourgeons de pousser à l'arrivée du printemps.

Pourquoi les tatouages ne s'effacent-ils pas ?

Ils sont une tache permanente, comme du jus de fruit renversé sur une moquette crème. Le pigment se dissout sous la peau et y forme une marque indélébile. Les gens arborent des tatouages pour des raisons différentes. Une fille peut avoir envie de se souvenir du nom de Wayne, son petit ami. Mais aura-t-elle envie de se le rappeler tout le restant de sa vie ? Une question qui mérite que l'on se la pose avant de sauter le pas. N'oubliez pas que c'est pour la vie. Aujourd'hui, il est possible de les effacer chirurgicalement, mais ils laissent toujours une cicatrice. Dans certaines cultures, on se faisait tatouer pour chasser les mauvais esprits. Dans d'autres, les tatouages indiquaient le rang et le statut de chacun, comme le Moko chez les Maori.

« Jusqu'au bout de la Terre » est une drôle d'expression, parce qu'en réalité un tel endroit n'existe pas. La Terre est ronde et constitue un cercle qui n'a ni début ni fin. Vous pourriez aussi bien chercher une arête sur un ballon.

Mais si la Terre est ronde, pourquoi ne tombons-nous pas ?

La terre est si vaste que sa courbure est très progressive : nous ne la remarquons même pas et nous avons l'impression d'être sur du plat. De plus, la pesanteur nous maintient au sol. C'est la loi qui se cache derrière le proverbe canadien : « Tout ce qui monte doit redescendre. »

Les pirates existent-ils encore ?

Autrefois, ils étaient célèbres au point d'en devenir légendaires dans les Caraibes. Les pirates opèrent encore dans les mers d'Asie du Sud-Est où il arrive que des navires et des bateaux soient portés manquants. Mais aujourd'hui, quand on parle de piraterie, on parle d'arnaque. Chez le vendeur de pizzas qui alourdit la note, par exemple : « C'est un pirate. »

Qu'arrive-t-il aux flaques après la pluie ?

Le soleil provoque l'évaporation de la flaque, qui se transforme en vapeur. Elle s'élève dans l'atmosphère et devient nuage.

Pourquoi les fleurs sentent-elles bon ?

Les fleurs diffusent une fragrance conçue pour attirer les abeilles, les papillons et les papillons de nuit. La plus grosse fleur du monde s'appelle la rafflesia, pousse en Asie et atteint un diamètre de plus d'un mètre. On la surnomme « le lys parasite nauséabond ». Mais les abeilles doivent la trouver à leur goût.

D'où viennent les billes ?

Aux environs de 3000 avant Jésus-Christ, les Romains jouaient à l'*orca*, un jeu pour lequel ils se servaient de noix ou de noisettes et qui est vite devenu populaire. Mais ce n'est qu'en 1846 qu'un souffleur de verre allemand a inventé un type de ciseaux particulier qui se révéla l'outil adéquat pour faire des billes.

Comment se fait-il que le verre soit transparent ?

Parce qu'il est composé de sable fondu qui, une fois liquide, devient transparent et le reste après s'être solidifié.

Le patin à glace est l'un des plus vieux sports au monde. Aux alentours de 1000 avant Jésus-Christ, les Scandinaves patinaient déjà. Ils utilisaient de vieux os ou la côte d'un élan pour façonner les lames des patins. L'os a été utilisé pour le patinage en Angleterre jusqu'au XIIe siècle.

Pourquoi les personnages de dessins animés portent-ils toujours les mêmes vêtements ? Pour qu'on les reconnaisse, tout bêtement. Les vêtements constituent un indice. Si vous deviez jeter un œil dans la penderie d'un personnage de cartoon, vous y trouveriez des étagères remplies de vêtements identiques. Aucune inquiétude à avoir côté hygiène.

Au cours de la vie, que faisons-nous le plus ?

Aller aux toilettes, manger, jouer, dormir ? Rien de tout ça. Réfléchissez une seconde. Nous respirons. Un homme respire en moyenne vingt fois par minute, ce qui fait environ dix millions de respirations par an.

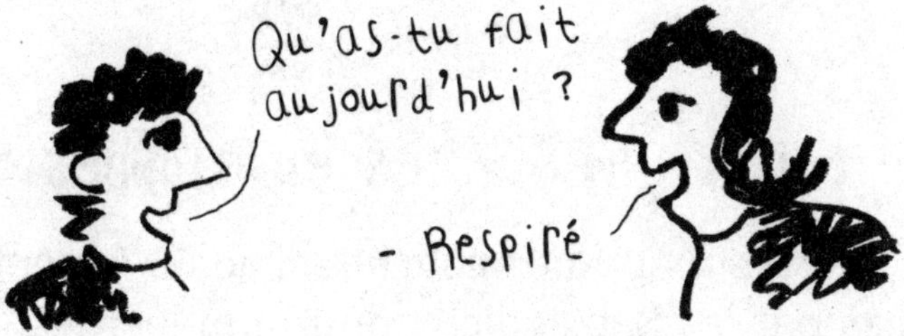

Les aéroplanes sont gros et lourds : pourquoi ne tombent-t-ils pas du ciel ?

L'avion, plus lourd que l'air, se déplace grâce à un moteur et des ailes. La forme des ailes lui permet de prendre appui sur l'air et de s'élever. L'empennage a pour objet de stabiliser l'avion en l'empêchant de pivoter autour de son centre de gravité.

Quel était le premier programme télé au monde ?

The Queen's Messenger, un drame diffusé en 1928. Le premier dessin animé est français : on doit ***Fantasmagorie*** à Émile Reynaud. Le premier dessin animé sonore est ***Steamboat Willie***, de Walt Disney, en 1928, c'est la naissance de Mickey Mouse.

Qui a inventé les enveloppes ?

Eh bien, de fines couches d'argile étaient utilisées par les Babyloniens pour protéger les documents des yeux trop curieux, dès 2000 avant Jésus-Christ. Henri VIII d'Angleterre appointa un maître des postes qui délivrait tous les documents du roi. Au XVIe siècle, les lettres officielles étaient envoyées « sous couvert ou sous enveloppe ».

Pourquoi les étoiles scintillent-elles ?

La lumière doit traverser l'atmosphère avant d'atteindre la Terre, et ce n'est pas un chemin rectiligne. Il faut des années à la lumière d'une étoile pour parvenir jusqu'à nous. Elle ondoie, ce qui donne l'impression qu'elle clignote. Plus de six mille étoiles sont visibles de tous les points du globe.

Comment le Soleil sait-il qu'il est l'heure de se lever ?

Ce n'est pas le soleil qui décide s'il se lève ou non. Il est aussi immobile qu'un lampadaire. C'est la Terre qui tourne et qui, au cours de sa rotation, donne l'impression que le Soleil se déplace dans le ciel de l'aube au crépuscule.

D'où vient le vent ?

Diagramme de vent.

Dans la mythologie grecque ancienne, le dieu Éole enfermait les vents dans une grotte et les relâchait pour faire de l'orage. Mais au quotidien, c'est le Soleil qui déclenche le vent. Quand l'atmosphère se réchauffe, ce n'est pas un processus uniforme. Les masses de gaz qui entourent la planète ont une température différente. La masse gazeuse chaude se dilate et monte, car l'air chaud est plus léger que l'air froid. Il glisse par-dessus la masse d'air froid qui, elle, glisse dessous. Le vent est la conséquence de ces mouvements.

Pourquoi la mer est-elle salée ?

C'est surtout du sel arraché aux rochers. Si vous voulez passer pour un petit malin, dites que Dieu s'est contenté de regarder le mode d'emploi qui stipulait « ajoutez de l'eau ».

Un enfant a-t-il déjà régné sur un pays ?

Oui. Le roi Toutankhamon, un pharaon égyptien. Il meurt vers dix-huit ans, aux alentours de 1352 avant Jésus-Christ. Il aurait gouverné neuf ou dix ans, et on le désigne souvent comme le « Roi-enfant ».

Quand la dernière météorite est-elle tombée sur la Terre ?

Tous les ans, environ vingt mille météorites atterrissent sur notre planète. En 1992, une petite météorite est tombée sur une voiture à New York. En 2004, une autre a démoli le salon d'une maison à Auckland.

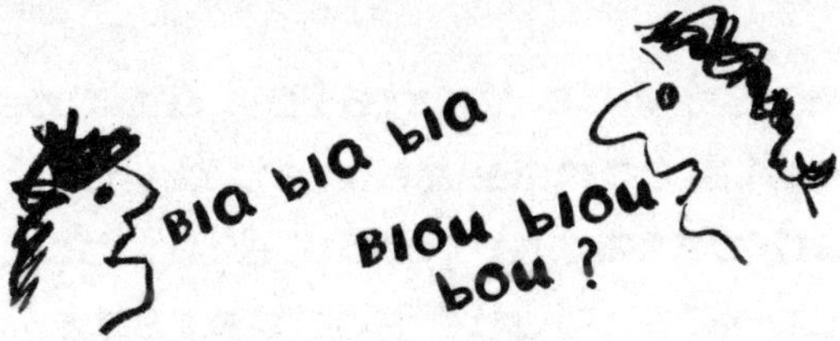

Il existe environ huit mille langues dans le monde, mais une d'entre elles au moins disparaît chaque année. Le mandarin est la langue la plus parlée dans le monde. Puis vient l'anglais, les langues du continent indien, l'espagnol et l'arabe. L'anglais change si vite que les anglophones du siècle prochain auront du mal à reconnaître la langue qu'on parle aujourd'hui.

Trucs de fous

Les choses les plus dingues réalisées par quelques individus un peu particuliers ? Ça dépend de ce que vous entendez par dingue. Si pour vous, il est dingue de garnir sa bouche de 151 pailles en plastique en même temps, alors Jim Purol, citoyen américain, est votre homme. Si se faire pousser les ongles des mains jusqu'à 6,15 m est dingue, alors Shridhar Chillal, citoyen indien, n'a rien à lui envier. Je pense que certains de nos divertissements comme sauter d'un avion avec un parachute ou d'un pont accroché à un élastique sont assez dingues, mais amusants en même temps. Une foule d'activités rentrent dans cette catégorie. Mais peut-être que ce sont les reality shows TV comme *Big Brother* qui sont dingues. Ou les fumeurs qui se gavent de junk-food, alors qu'ils savent que c'est mauvais pour eux, qui remportent le pompon.

Kevin Cole, originaire du Nouveau-Mexique, aux États-Unis, détient le record mondial d'expulsion par expiration de spaghetti de la narine. Il a réussi cette performance le 16 décembre 1998, en projetant un spaghetti cuit à une distance de 19 centimètres. Kevin a d'abord avalé le spaghetti, puis utilisé sa langue pour le faire remonter dans sa narine.

Un Anglais, Garry Turner, a réussi à attacher 153 pinces à linge en bois sur son visage dans les locaux du *Guinness Book of Records*, le 3 août 2002.

D'autres trucs dingues motivés par la foi religieuse :

1. Un homme en Inde a tenu sa main dressée en l'air pendant environ trente ans, comme marque de sa dévotion envers le dieu hindou Shiva.

2. Un autre Indien a roulé sur une distance de 4 000 kilomètres pour rendre hommage à la déesse Vaishno Devi. Il ne s'est arrêté que pour boire de l'eau et acheter des cigarettes.

3. Un Américain a fait 53 350 kilomètres à pied en portant une grosse croix de bois.

Quelques trucs intéressants sur les couleurs

Le jaune : c'est la première couleur que les bébés perçoivent. Les nourrissons voient en noir et blanc.
Le jaune citron est la couleur la plus fatigante à fixer pendant une longue durée.

Le vert est la couleur la plus reposante, bien que la plupart des gens détestent en porter.

Le bleu est la couleur que les adultes préfèrent. Les enfants obtiennent de meilleures notes quand ils passent des examens dans des pièces au plafond bleu. Mais il est la pire des couleurs pour la nourriture.

Le rose est la couleur la plus apaisante, ce qui explique pourquoi les murs d'un centre d'enfants violents en Californie, aux États-Unis, sont peints en rose.

Le violet est la couleur la plus difficile à distinguer.

Le rouge est la couleur préférée des enfants. Les scientifiques affirment que le rouge est énergisant, agressif et excitant. Après de nombreux accidents de voitures auxquels se sont trouvées mêlées des voitures rouges, au Brésil et en Équateur, les voitures rouges sont désormais interdites dans ces deux pays.

Répliques cool à tester sur les filles

Je t'ai déjà vue, non ? Ah si, c'était en rêve.

« Mon amour est une rose rouge, rouge. » (Robert Burns)

« Comment je t'aime, énumérons-en les manières... » (Elizabeth Barrett Browning)

Sujets de conversation à lancer ou à éviter

Les sujets sans risques à aborder avec les parents comprennent : l'école, le sport, la météo.

Avec les grands-parents : *La Mélodie du bonheur*, c'était le bon temps, la nourriture.

Avec des amis : le cinéma, la mode, les concerts, les soirées et autres événements à venir du même ordre.

À ne pas aborder avec des amis : *La Mélodie du bonheur,* la météo, c'était le bon temps.

À ne pas aborder avec les grands-parents : les concerts, les soirées.

À ne pas aborder avec les parents : l'argent, les soirées et autres événements à venir du même ordre.

À faire et à ne pas faire dans l'affaire du baiser.

Ne pas jouer à la machine à laver avec sa langue.

Souvenez-vous, la bouche est la cible : brossez-vous les dents. Sucez un bonbon à la menthe. Il y a toutes les chances pour que l'embrassé(e) en reconnaisse le goût, car la langue est recouverte de trois mille à dix mille papilles gustatives dont le rôle est précisément de capter les goûts.

N'oubliez pas : ne bavez pas. La bouche produit plus d'un litre de salive par jour. N'embrassez pas une vache, car les vaches produisent deux cents fois plus de salive que les humains.

N'oubliez pas : respirez. Les humains ont besoin de respirer au moins vingt fois par minute.

Ne paniquez pas : la volée de coups que vous sentez dans la poitrine, c'est juste votre cœur qui bat plus fort.

Puberté : les grandes questions

Pourquoi la voix des garçons mue-t-elle ? La boîte vocale grandit, parfois assez vite. Rassurez-vous, ça ne durera pas. Après un certain temps, tout se mettra en place, et un matin, vous vous réveillerez pour constater que votre voix est devenue plus grave.

Pourquoi certains garçons sont-ils vraiment plus petits que leurs copains ?

La puberté commence à des moments différents pour chacun : entre huit et dix-sept ans pour les filles, et dix et dix-huit ans pour les garçons.

Vous avez entendu parler des arbres et des plantes qui ont des pointes de croissance au printemps ? Eh bien, c'est pareil pour les humains. Les poussées de croissance interviennent au cours de la puberté. Tous les membres ne grandissent pas forcément au même rythme. D'abord les pieds et les mains grandissent, puis les bras et les jambes s'allongent, puis, environ un an plus tard, le reste du corps rattrape le retard.

Vous êtes-vous jamais demandé à quoi servent les seins ?

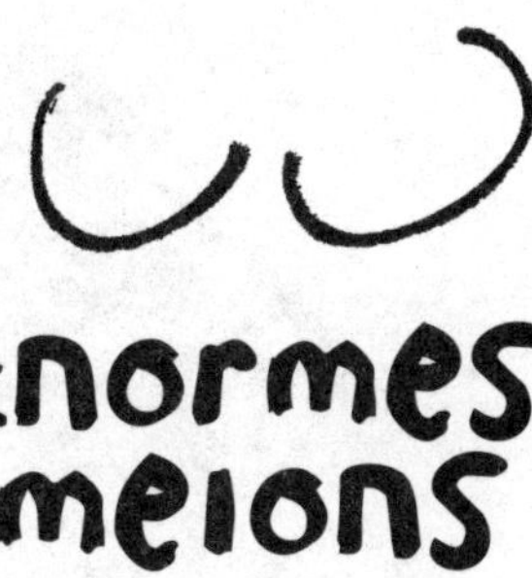

Pendant la puberté, de la graisse se forme dans la poitrine pour « coussiner » les canaux lactifères. Certaines filles s'inquiètent de la taille de leurs seins, mais la fonction principale de ces derniers est de produire du lait, et à cet égard leur taille n'a aucune importance. Les seins de tout gabarit peuvent nourrir les bébés.

La *fasciite nécrosante* est une maladie rare. C'est une infection à bactéries mangeuses de chair qui peut provoquer la mort entre douze et vingt-quatre heures. Pas de panique : c'est beaucoup moins fréquent que, disons… les boutons.

Pourquoi attrapons-nous des boutons ?

Les glandes sébacées qui régulent la qualité de la peau (sèche, grasse ou mixte) sont affectées par les changements hormonaux. Une alimentation saine, beaucoup d'eau et une bonne hygiène : autant de mesures qui aident à freiner les poussées de boutons redoutées.

un essaim de boutons

Les trucs cool quand on grandit

1. On devient plus fort. À la naissance, une proportion de 20 % du corps est composée de muscle, 25 % au début de la puberté, 45 % lorsqu'on est un jeune adulte.

2. On reste dehors plus tard le soir.

3. On apprend à conduire.

4. On prend seul ses décisions.

5. On va à plus de soirées et on a plus d'avantages.

6. On peut entrer dans les cinémas voir des films R-rated (interdits aux moins de dix-sept ans non accompagnés d'un adulte).

Il y a bien longtemps, les gens s'asseyaient et parlaient, lisaient et jouaient aux cartes, se retrouvaient autour du piano. Tout a changé avec l'invention de la télévision en 1927. Aujourd'hui, environ cinq cent millions de foyers dans le monde entier sont équipés de postes. Nous ne somme peut-être pas les voisins de chaque humain sur la planète, mais nous pouvons assister au quotidien des autres en regardant la télé. C'est ça, le village global. Nous sommes tous reliés électroniquement, *via* les SMS, le téléphone et Internet. C'est une toute autre sorte de toile d'araignée que celle par laquelle j'ai commencé ce livre. Les canards ont des pieds palmés. Certains livres tissent une intrigue comparable à une toile. Soyez curieux et suivez votre instinct. Vous

serez surpris de voir où il vous conduira et tout ce que vous découvrirez. Après avoir collecté vos informations, reliez les points. Et très vite, vous aurez créé votre propre toile.

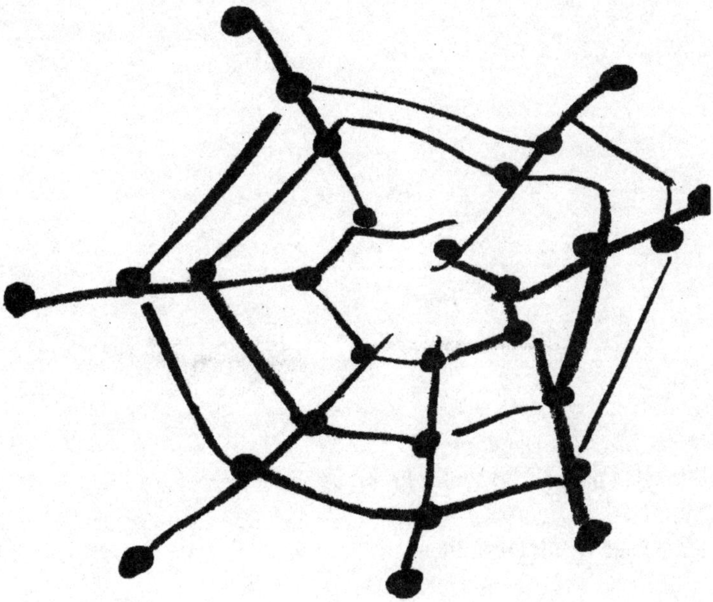

Titre original :
Everything You Need to Know About the World
Traduit de l'anglais par Isabelle-Sophie Lecorné

7-13, boulevard Paul-Émile-Victor – Ile de la Jatte
92521 Neuilly-sur-Seine Cedex
www.michel-lafon.com

Imprimé en France
par Corlet Imprimeur
N° d'impression : 116832
Dépôt légal : novembre 2008
ISBN : 978-2-7499-0964-6
LAF : 1148